給孩子的吸引力法則

為台灣孩子們量身打造的《祕密》兒童實作版

周介偉 著

目前出版的吸引力法則書籍，都是針對大人的，有適合孩子的嗎？

——當然有，就在你的手上。

透過這本書，孩子將可以？

——得到想要的，處理討厭的，面對害怕的。

——認眞追求自己想要的目標，並擁有快樂又自信的人生。

【自序】給父母的一封信

近幾年，出現了許多前所未有的現象。

全球經濟海嘯；失業率節節升高；高學歷＝高失業率……

愈來愈多的父母們心想：我都這麼努力了，卻還是遭遇到困境，那孩子將來怎麼辦？

你，也擔心孩子的未來嗎？

看完了本書，你就會了解，我們可以給孩子一個無限可能的未來。

【前言】

讓孩子快樂又自信的祕密

我出生在一個非常大的家族，爸爸有十二個兄弟姊妹，偏偏到了我這一代，家族中只有我一人是男性（我有三十位堂表姊妹），也因此，我受到家人和阿嬤高度的寵愛，也就讀所謂的貴族私校。

從小，父母就給我兩個觀念：

1好的學歷＝好的工作＝好的收入＝好的地位＝好的對象＝成功人生

2談戀愛？念完碩博士再說吧！因為，出社會前談戀愛，會影響功課，進而影響了上述第一點的「成功人生公式」

沒想到，從國立明星高中畢業，從小是學校風雲人物的我，竟然跌破眾人眼鏡，不但沒考到國立大學，連私校的成績也吊車尾。

那一年，我進入補習班，重考。

同時我最要好的兩個高中同學死黨，卻都分別考入台大就讀。

我因此自怨自艾不已，不解自己的「壞運」，羨慕他人的「好運」，更常嘆生命的「不公」啊！

沒想到，就在這一年不到的時間內，兩位死黨陸續發生車禍相繼過世，兩人的忌日，僅相隔半年。

按照恐怖電影的情節，下一個發生車禍該走的人，理當是他們倆的麻吉——我。一想到這裡，各種恐懼情緒排山倒海的湧進我的心中。

他們倆，都是所謂又帥又乖的孩子，一路念書，考進最好的大學，卻在青春年少時，走了。

麻吉的離開，顛覆了父母給我的觀念與成功公式，我心想：父母都說要好好念書，把人生的享樂放在後面，可是我的麻吉們卻活不過十九歲！這樣，還有什麼未來？

我驚覺：人生並不是像我父母所說的那樣。

人生是什麼？生死若是場俄羅斯輪盤隨機機率遊戲，誰倒楣中籤就隨時bye bye！那人生幹嘛努力？那我或許該縱欲而活，誰知明日如何！我是否會像同學就這麼在街頭跟人生說bye bye？誰在決定我的生死與人生？是那位神佛、主、阿拉，還是死神的審判？

我自問：如果我和他們倆一樣，很年輕就走了，我會滿意我的人生嗎？

一連串的問號，從我的心底不斷散發出來，我只想搞清楚：生命，到底是怎麼一回事？我爲了什麼而活？又是爲了誰而活？

於是，我開始接觸各種宗教、命理、占卜、生命哲學、前世今生，我想知道：命眞的可以算嗎？如果可以，我的未來會如何？

衆多的摸索卻無法完全解決我的疑問。

在一次因緣際會中，我接觸到新時代思想經典《賽斯書》（新時代書目請參考方智出版社的新時代書系），這是我第一次感覺到：沒錯，就是它了！

因此二十歲開始就投入西方新時代思想的閱讀學習與體悟之中，它也開啓了我對生命、宇宙、人生完全嶄新的創造看法！

二十年來，從自我深度閱讀到留學回台後，除了企業教育訓練的正職工作外，我陸續參與和成立《與神對話》《祕密》等暢銷書的讀書會（《祕密》影片就是由我們「與神對話讀書會」於二〇〇六年十一月引進台灣），主要在分享適合普羅大眾的心靈理念，也常邀到許多企業演講、舉行座談會、上廣播節目等，每每受到相當的歡迎與迴響。

許多朋友興奮的分享著「吸引力法則」神奇的同時，他們也反應：恨不能及早知道這能改變與創造自己人生的宇宙法則，或讓更多的孩子們在年輕時就能知曉這一切；這讓我有感而發：我，想要爲孩子們寫一本運用吸引力法則實現願望的書。

很高興，現在，它正在你的手上。

這本書的編排，和一般的書籍十分不同，它分爲三部分：

第一部分是「爲什麼我的運氣總是那麼差？——小磁鐵的故事」。在短短的故事中，融合了吸引力法則的原理和方法，它很簡單，大部分的孩子都可以自己讀，但更好的方式是親子共讀，一起討論。

（這個兒童故事是在引進《祕密》影片前半年的某夏日午後，呆坐在一〇一大

樓旁的露天咖啡座，瞬間收到的靈感與影像而一氣呵成的故事，後來我把它說給五歲的女兒聽。我發現這個故事易說易懂，有很好的啓發效果，在此配上插畫與大家分享。）

第二部分是「讓孩子快樂又自信的五把鑰匙」。這裡歸納了吸引力法則的五大重點並加以說明，讓父母們更了解吸引力法則的特色和使用方式。

第三部分是「孩子的心事，這樣解決」。內含十個孩子們最容易遇到的情況，以及如何以吸引力法則的角度，幫助孩子心想事成，這部分可說是「將吸引力法則運用在孩子身上」的技術版。

希望你能運用這些方法，讓孩子眞的變得快樂又有自信，更棒的是，你與孩子的關係，在無形中又能更加強了，十分實用喔！

吸引力法則，是宇宙給我們的禮物，現在，我很誠心的將這份禮物送給你！

請接受我眞誠的祝福——給你和所有的孩子們！

PS：謝謝首先聽完這個小磁鐵故事的祺祺、品亨、品瑞，爸爸永遠愛你們！

CONTENTS

CONTENTS

Part1

為什麼
我的運氣總是
那麼差？

小磁鐵的故事

放學了。

回家的途中，小鐵不停踢著地上的保特瓶，心想：「今天眞是倒楣，一早就被媽媽罵，到了學校才發現作業沒帶，數學考不及格，體育課時又沒打到球……唉！爲什麼我的運氣總是這麼差？」

就在這個時候，小鐵看到路旁有一塊長相十分奇怪的大石頭。

當小鐵停下來注視著這顆石頭時，一個長相奇特的小精靈突然咻地蹦了出來！

「嘿嘿嘿，你眞的想知道答案嗎？」這個可愛小精靈轉動著水汪汪的大眼俏皮地問。

小鐵被小精靈嚇了一大跳。

他揉了揉眼睛，確定小精靈是眞的，趕緊定定神反問小精靈：

「你眞的可以告訴我，爲什麼我的運氣總是那麼不好嗎？」

「當然可以。」小精靈點點頭，並拿出一副精緻小眼鏡說：「這是一副神奇的魔法眼鏡，只要你戴上它，嘿嘿嘿……你就可以發現『好運氣與壞運氣』的祕密了……記得喔！我只借你兩個月喔，兩個月後，我會向你拿回神奇眼鏡！」說完，小精靈一溜煙地消失了。

第二天一早，小鐵將魔法眼鏡放在書包，迫不及待地上學去。走著走著，他看到同學小莓就在他的前方。

小莓可說是班上最倒楣的人了，她不但常掉東西，也經常被同學欺負，連小鳥都會大便在她的頭上，所以在班上她有一個「倒楣王」的綽號。

「嗯，讓我來看看小莓壞運氣的祕密是……」

小鐵快速戴上魔法眼鏡，望向小莓。

「天啊！小莓的頭上，怎麼出現了好多大大小小的叉叉？」小鐵不禁驚呼。

這些叉叉影像像煙霧一樣，不斷從小莓頭上冒出來。

再仔細一看，小鐵發現，這些叉叉上面都有不同的字，像是「我眞笨」「我好倒楣」「我怎麼都不會」……等。

更慘的是，小鐵看到許多一樣帶著叉叉的人事物像被強力吸鐵吸引般快速奔向小莓。

就在小鐵感到驚訝時，俏皮小精靈的聲音在小鐵耳邊輕輕響起。

「你看，小莓平常都想著不好的事，所以就會出現這麼多的叉叉。而這些叉叉又會吸引更多的叉叉，像是『被誤會』『跌倒』『錯誤』等，都吸到小莓的身上去了。」

「原來，這是一副可以看到別人內心想法的眼鏡！」聽了小精靈的解釋，小鐵十分興奮，也很好奇，爲什麼小精靈要送他這副魔法眼鏡呢？這跟好運氣或壞運氣有什麼關係呢？

「這個嘛……你繼續看下去就知道了。」小精靈故意賣關子。

走著走著，小鐵看到了全班最喜歡罵人、批評人的小夫。

「我要趕快看看，平常討人厭、人緣超差的小夫，會出現什麼想法？」

這一看，讓小鐵倒吸一口氣，因爲從小夫的頭上射出了好多銳利的刀跟箭，上面寫著「大家都是混蛋」「這個很遜」「一堆笨蛋」「眞爛」。

神奇的是，小鐵也看到了很多帶著刀箭影像的人事物，例如「攻擊」「被說壞話」「諷刺」，快速朝小夫身上射去。

爲什麼會這樣呢？

彷彿看穿小鐵的心思似的，小精靈的聲音又在耳畔響起，幽幽地問了一句：「小夫平常在班上對人如何？」

「他常常說別人不好，甚至還會嘲笑同學，惹得大家都不喜歡他！」

在回答的同時，小鐵突然了解到，因爲小夫的想法都是批評，所以他也經常吸引別人批評他、討厭他。

這時，有人拍拍小鐵的肩膀。

小鐵一轉頭，看到了小聰。

小聰是班上的全能王，他功課好、體育好，連小鐵最喜歡的小愛都喜歡他……

「我一定要看看小聰爲什麼這麼好運？」

小鐵用力看向小聰，發現小聰頭上都是好大的圓圈，上面寫著「我喜歡讀書」「我很棒」「我做得到」「我可以」。

結果，哇！好多有著「好運」「順利」「成功」圈圈的影像向他飛奔。

看到這兒，小鐵恍然大悟，原來「同學心裡想什麼，好像就會得到什麼」，他發現小莓、小夫和小聰想著什麼，就會吸引相同的事情到身上。

走進教室，小鐵看見一些女孩子圍在小愛的座位旁。

小愛是班上人緣最好的女生，不只男生喜歡她，連女孩子也都黏著她不放。

「小愛到底都想些什麼，人緣才會這麼好呢？」

小鐵戴著眼鏡望向小愛。

在小愛的頭上，小鐵看到了好多好多的愛心，上面寫著：「我願意幫助同學」「我喜歡我的同學」「我的運氣好好」「我好感謝大家」。同時，也有好多寫著「我愛你」「好溫暖」「好喜悅」等愛心影像的人事物，一直被小愛吸引過來。

看到這一幕，小鐵十分感動，也更明白了。

原來，我們每一個人，都是一顆強力小磁鐵。我們的運氣，都是我們想出來的。只要我們想的是美好的事，也會吸引好的運氣；如果我們想的是不好的事，不好的事也會來找我們。

就像是小莓，她總是想著自己很倒楣，結果，倒楣的事也就常常找上她。

至於愛批評人、罵人的小夫，也經常因為這些不好的行為，引來別人罵他、批評他。

此時，小鐵不禁好奇地想：「咦？那……我自己呢？不知道我的頭上會出現什麼？」

小鐵趕緊跑到廁所，站在大鏡子前一看！

他看到自己頭上有好多的東西變來變去，一會兒是叉叉，一會兒又變成了圈圈和三角形……

「爲什麼會這樣呢？」小鐵很驚訝。

「這是因爲，你有時候覺得自己很糟，有時候又覺得自己應該還可以或不錯，而且經常受到別人的影響，使你的『運氣』一直時好時壞喔！」小精靈輕盈地在他的耳畔低語提醒。

「我決定了，我要改變!!」在了解了磁鐵的吸引力法則後，小鐵決定要改變自己，要向小聰和小愛看齊。

他將神奇眼鏡收起來，每天都提醒自己要想好的事情、說好的話、做好的事，不批評別人、不說自己糟，還常常告訴自己：「我祝福自己和大家。」「我欣賞大家；我感謝一切。」「我相信；我可以；大家都是很好、很棒的！」

有一天晚上，小鐵即將上床時，小精靈咻地出現在床頭。

「兩個月到了喔，我要收回神奇眼鏡了。」小精靈滿臉笑容說。

「哈囉！真的謝謝你，是該還你了……對了，等等讓我再戴最後一次，我想看看自己現在的模樣。」小鐵說。

小精靈點點頭。

於是，小鐵走到鏡子前，有點期待又緊張地深深吸了一口氣，閉上眼睛後，輕輕地戴上眼鏡。

「哈！這是……」

當小鐵再度張開眼睛時，他開心地笑了。

因爲，他看到自己的頭上，充滿了好多好多的圓圈和愛心。

他的運氣再也不差了，現在他是人見人愛、總是好運氣的小鐵；

大家都叫他是——「好運小磁鐵」。

故事後動動腦

看完小磁鐵的故事後，是不是意猶未盡呢？

不妨與孩子討論下面的問題：

* 在這五個人當中，你對誰的印象最深？為什麼？你喜歡他嗎？
* 爲什麼小精靈要給小鐵神奇眼鏡？
* 你想不想有一個這樣的神奇眼鏡？爲什麼？
* 如果你有一個神奇眼鏡，你最想知道身邊哪一個人的想法？爲什麼？
* 如果你戴上神奇眼鏡看自己，會看到什麼？
* 你覺得這個故事主要想告訴我們什麼？

給爸爸、媽媽、老師、小朋友的話

在小磁鐵這個故事中，小鐵、小莓、小夫、小聰、小愛代表著不同的個性。

小鐵的個性比較多變，容易受人影響，別人稱讚他好，他可以高興一整天，對自己充滿信心；被人說不好，就妄自菲薄，甚至看自己不順眼。

小莓的個性比較悲觀，總是想著不好的事情，覺得自己是最全天下最倒楣的人，她是一個沒有自我價值、充滿沮喪感的孩子。

小夫的個性較喜歡批評，總是覺得別人很差，他的內心也充滿憤怒、嫉妒、懷疑，其實是對自己沒有信心。

小聰是同學眼中的「聰明王」，他積極、有自信、品學兼優，也是其他同學欣羨的對象與榜樣。

小愛則是一位懂得感恩與愛的孩子，或許她的功課差強人意，卻因爲她的愛心，使她成爲最有人緣的人。

這五個小孩所代表的五種個性，是不是跟我們生活周遭的孩子很像呢？

如果你是家長或老師，你希望孩子或學生和誰一樣？

如果你是小朋友，你又希望像故事中的誰一樣呢？

我們可以如何協助孩子和我們改變自己進而創造好「運氣」呢？

這正是本書想探討與分享的!!

每個孩子（每個人）都可以藉由心念的轉變來改變自己的「運氣」，創造自己的人生。

Part2

五把吸引力金鑰，讓孩子快樂又自信

第一把鑰匙

讓孩子相信自己是值得的

如果，你只能告訴孩子一件事，那會是什麼？
負責任？賺錢的方法？健康？學業的重要？
我會說：孩子，你絕對值得！

近來，我經常聽到父母或老師發出這樣的疑問：

爲什麼孩子不敢爭取？

爲什麼孩子一下子就退縮，不願再嘗試？

爲什麼孩子這麼容易失去自信？

有人說是父母太寵，有人覺得是現代孩子的忍挫力普遍降低。

我想，在種種原因的背後，最大的癥結來自於，孩子不相信自己是值得的。

「相信自己值得」的信念，就和蓋房子時需要打地基、運動前必須先暖身一樣，是最不可或缺，最重要的基礎。

也是一種對生命、對宇宙、對自己的安全感和信任感。

我在美國念書時，曾經到美國的中小學觀摩老師們上課的情形，一開始，最令我感到不解的是：爲什麼美國的老師動不動就把「你眞棒」（You are great.）掛在嘴邊？

幾堂課下來，我恍然大悟，原來，老師這麼說，是爲了讓每個孩子對於學習到的東西保持興趣，哪怕是外人看到，覺得孩子根本是鬼畫符，老師都能從中找到孩子值得被稱讚的地方。

這樣的教育，讓孩子覺得自己值得當自己，也對於學習保持一定的熱度。

反觀台灣，孩子在成長的過程中，最常遇到的就是「比較」——當父母們有意無意提起：某某人考得很好、長得很美、才藝很優、腦筋動得快……時，孩子的心中也漸漸築起了一個「自己不如別人」的巢，於是不敢爭取，容易放棄。

當孩子不相信自己值得時，會沒信心、退縮、不敢爭取。因爲孩子覺得：別人比我值得拿到；孩子一下子就退縮，因爲孩子認爲：別人比我值得得到；孩子容易失去自信，因爲孩子心想：別人比我好。那時他散發著「我不足、不行、不能、不可……」的思想頻率，反而更會導致現實上無法獲得希望的成果。

我們必須幫助孩子，讓孩子相信自己是值得的。

當孩子打從心底相信自己是值得的時候，不管做任何事、遇到各種狀況，都可以有「是的！我可以！」的沉著自信態度，自然散發成就事物的氣勢與行動，成果自然顯著。這就像《祕密》的書與影片中所述「**相信我們是無限潛能之存有，相信我們有無限潛能、無窮力量可以成就任何事**」的豪氣，是最強大的內在吸引力心態，可以讓我們散發眞誠強大而堅定的頻率去吸引成果而來！

因此，讓孩子敢大聲說：「是的，我值得」，眞的很重要。

心理學上，有所謂「自我實現的預言」（The prophetic of self-realization），指的是「你怎麼看（預期）你自己，你就會自然成爲那樣的人」。也就是當你認爲自己僅能得到七十分時，你的結果也只能得到不高於七十的分數。

吸引力法則中也提到：當我們在「想」的同時，也吸引了結果的到來。

當孩子認爲自己是nobody（無關緊要的人、無名小卒）時，人生的高樓大廈又怎麼蓋得穩？

所以，請協助孩子以「績優股」和「無限可能」的心態來看待自己，讓孩子重拾信心，勇於說出「我值得，我可以」，是孩子學習事物、成就所有的最佳內在燃料。

而在現實技巧面上，依據我多年在外商公司擔任企業員工訓練的經驗發現，採用「三階段自信訓練法」效果最好。

三階段自信訓練法的作法是，將訓練的過程分爲三個階段，一開始時只說員工的優點，當員工對自己的信心度提升後，就以「三分之二的優點＋三分之一的改善建議（缺點）」的比重來進行，一旦員工又更挺得住時，就以「一半優點、一半改善建議」的方式，提升員工的效率。

這個方法，也很適合孩子使用。

當孩子在學習任何事物時，請先找出孩子的優點並加以稱讚；當孩子學習了一

陣子之後，再給孩子「三分之二的鼓勵＋三分之一的改進、建議」；當孩子駕輕就熟時，也不要忘了，給孩子建議的同時，也要給孩子鼓勵。

看到這裡，你或許會說：「我的孩子年齡已經比較大了，怎麼辦？」

如果，孩子的年齡比較長，這意謂著，你需要更多的耐心和時間，來引導孩子相信自己值得。

或許，你的孩子並未學習任何新事物，那也無妨，只需在平日（最好是每天）都發現孩子的優點，甚至，只要是孩子做了好事，就給予稱讚。

在這之前，請了解：每個孩子都會以自己適合的方式來發展，所以，請不要將孩子與別人做比較，而是專注在孩子的進步上，如此你將會看到孩子真的有很多優點。

你已經準備好，要讓孩子相信他是值得的嗎？

恭喜你，也恭喜孩子，你們的關係，將會愈來愈好。

吸引力法則重點

信任宇宙，相信自己絕對值得，自然散發真誠強大而堅定的頻率，將成果吸引而來！

活動：讓孩子相信自己值得的活動

訪問遊戲

當孩子覺得自己全然被關懷時，愛的感覺將會讓孩子很有安全感。

找一個你確定不會被干擾的時間，與孩子玩訪問遊戲。

遊戲中，你的角色是記者（準備錄音機、紙筆，盡量讓自己看起來專業更好），孩子扮演的是備受社會大眾矚目的受訪者，接著，問孩子下面的問題：

* 你最喜歡的食物是什麼？最不喜歡吃的是什麼？
* 你最喜歡的顏色是什麼？最不喜歡的顏色是什麼？
* 你最喜歡看的節目是什麼？
* 你最喜歡的玩具是什麼？
* 你收到過最棒的禮物是什麼？
* 你最喜歡自己哪一點？（關於外表）
* 你最喜歡自己哪一點？（非關外表）

* 你最擅長的事情是什麼？
* 你最高興的事情是什麼？
* 你最害怕的是什麼？
* 你最想實現的願望是什麼？
* 你長大後，想做什麼事？

孩子你做得到

每個人就像不同的花朵，都是獨一無二又平等的！

人就像花一樣，有各種不同的外型和顏色。

玫瑰、百合花跟鬱金香雖然各不相同，但都是嬌豔可愛的花，散發著自己獨特的香味和美麗。

想想看，你像什麼花？你是什麼顏色？散發什麼香味？讓我們完全喜愛與接納自己的特色，不用跟別人比較，也不用羨慕、模倣別人。在肯定自己之餘，還能欣賞其他人的樣子、顏色與香味就更棒了！

這個遊戲的祕訣只有一個：當孩子說出答案時，請用心地記錄下來。如此，孩子就會感受到你對他的專注。同時，當孩子一一回答問題時，他也開始學習認眞看待自己、思考自己、肯定自己。

故事時間

找一個不受干擾的時間，與孩子共讀繪本故事（繪本建議清單，請見書末附錄，如果孩子較大，可以找一篇文章）。

故事的主題，要針對孩子不相信自己的部分爲主，當你與孩子都看完故事之後，問問孩子，如果他是故事中的主角，他的想法是什麼？

針對較大的孩子，也可以選擇眞實的成功故事，讓孩子有學習的典範，增強自我的信心。

延伸思考

九個最容易讓孩子覺得自己不值得的說法

現在，你已經了解，孩子對自我的認知，有多麼重要了！

在這裡，我將提出我所觀察到，最容易讓孩子覺得自己不值得的說法，也請你看看，在平日是否也曾經對孩子說過這些話：

□現在的社會很競爭，不多念書很難找到好工作。

對孩子的影響：孩子會以分數為主，認定考不好，就找不到好工作，無法與人競爭，比別人都差。

□你的動作怎麼那麼慢！

對孩子的影響：一個本來不覺得自己動作慢的孩子，三不五時就被父母說動作慢時，也自認自己是個動作慢的小孩，什麼都比不上別人。

□擦掉，重來！

對孩子的影響：一個本來覺得自己的字或作文不錯的孩子，被父母認為還可以更好而擦掉重來時，孩子不但對寫字或寫作文產生了恐懼感，也會影響到其他的自我展

現。

□你要大方一點，大聲一點，不能這麼沒自信。

對孩子的影響：孩子認為自己就是一個沒有自信的人，不敢去爭取。

□你以為你是誰呀？你很了不起嗎？

對孩子的影響：孩子會覺得自己很渺小，不敢提出自己的想法，對孩子的自我信任來說，是很大的打擊。

□注意！注意！注意！

對孩子的影響：孩子會認為自己是一個做什麼事都需要被矯正的人，當然也會沒有自信。

□你很糟糕；你在某件事情上面很糟。

對孩子的影響：孩子會覺得自己真的很糟糕，同樣容易打擊孩子自我信任。

□哪有這麼好的事？

對孩子的影響：孩子會覺得生活是很辛苦的，人生的旅程一點都不好過。

□你知道賺錢（生命）有多麼不容易嗎？

對孩子的影響：孩子會覺得生命是很匱乏的、不足夠的，對人生失去安全感。

上述這些說法挫折了孩子的自我價值感，容易導致低檔的振頻與吸引力，建議以包容、正面、鼓勵代替。

各位親愛的爸媽與師長，也請你檢視一下自己是否相信與接受以下信念：

1 人有無限潛能，可以成就許多事物，給孩子時間空間成長茁壯，永遠別說「不可能」，也不要揠苗助長。

2 每人是不同的花朵可以綻放不同的美麗與芬芳，因此不需與他人比較和模仿。

3 相信宇宙是資源豐富與善意的，不只天無絕人之路，更是處處有豐盛和機會！

4 人生凡事皆禮物，人人是天使！

這些都是在檢視你是否有豐盛意識與覺得自己是「值得的」？請記得孩子接收的不只

是你話語的教導，他們更在接收你真實心念散發的振動頻率；因此要培育自信、豐盛有價值感的孩子，你自己也要具備同樣的心念才行！

孩子你做得到 你就是神燈精靈！你有無限超能力與力量!!

告訴你一個祕密：我們每個人都是神燈精靈喔！

有許多魔法與力量在我們身上，你可以很快學會東西、得到你想要的東西，變身成音樂家、明星……任何你所希望的。

世界上許多名人，都是先相信自己，敢於夢想，才有後來的成就。希望你也能相信自己，你就是哈利波特！你自己絕對可以成為很好、很棒的人！

第二把鑰匙
教孩子設定目標，勇敢夢想

實現夢想之前，當然要勇於夢想。
但，孩子現在的夢想，是他真正想要的，
還是父母的夢想？

許多公司都會爲員工辦慶生會，我發現，每當公司舉行慶生會時，九十%的人所許的願望都相同：第一願通常是「祝大家身體健康，萬事如意」（因爲同事們都在場，先來人人有獎），第二願不外乎是「祝公司業績蒸蒸日上」（看老闆在場，總要客套一下），第三願則是可以不說就不說。

比較起來，我國外的朋友們在生日所許的願，就十分個人化，有時甚至會聽到

一些十分獨特，有趣的願望。例如：我要成爲飛行員、今年我要一段美好的戀情、我要進行一趟豐富的旅程……

爲什麼同樣是生日許願，創意卻這麼不同呢？

因爲許多孩子們，在成長的過程中，漸漸被抹煞掉許願與夢想的樂趣、信心與能力了。

記得我小時候，第一個願望是當畫家。

此時，就會聽到長輩說：「畫家？連養活自己都不夠！」

不當畫家，那麼當律師好了。

又聽到長輩說：「律師很難考，考不上的話，就很難很難找工作。」

沒關係，我對於當記者也十分有興趣。

「記者？淨寫些有的沒有的文化流氓！」反對的聲音再次出現。

一次又一次，我所許的願望，似乎都不適合長輩的標準。

到後來，我所想要的，已經不是我內心眞正的渴望，而是比較符合父母的期望與社會的主流「標準」了。

如果，你也曾經經歷過和我一樣的事情，那麼，是否還要讓歷史在孩子身上重蹈覆轍？

你不想，對吧！

所以，趕快開啓讓孩子快樂又自信的第二把金鑰匙：設定目標，勇敢夢想。

設定目標指的是：引導孩子清楚知道自己要什麼？並且明確說出來。

在這裡，清楚而明確自己眞正想要的目標是首要重點。

如果，你對宇宙說：這個好嗎？還是那個好？

這麼一來，宇宙就無法回應你，因爲，連你自己都不清楚，宇宙要怎麼幫你？

所以，請清楚地告訴宇宙：我想要這個。

那麼，宇宙就會以你所設定的目標來協助你。

如果一個孩子說：我想要成爲鋼琴家。

這個夢想的確十分清楚，但是，這到底是父母的夢想，還是孩子自己的夢想？

如果，這並不是孩子眞正想要的，那麼很抱歉，宇宙還是接收不到喔！

但如果，這是孩子眞的想要的，那麼孩子將會很高興，因爲，宇宙會以各種方

式來協助孩子。

接下來，該是來談談「勇於夢想」了。

很多時候，人們很容易遷就現實，於是，我們的願望變得很小，甚至連想都不敢想。

傳統的教育總是告訴我們：要眼見爲憑，要做了再說，不要沒做就想東想西。其實，人類因夢想而偉大，想想甘地、萊特兄弟，他們不都是先有夢想，然後再將夢想實現嗎？

如果，你的孩子很勇於夢想，那麼恭喜你，在他各式各樣的夢想中，總會找到一個眞正吸引他、並堅定實現的夢想。

父母們，請別小看孩子的格局和眼光，你的孩子，絕對有那樣的能力和雄心壯志來完成他的夢想——也請別忘了多給孩子支持！

孩子你做得到 **超人變身！大膽想像出更大、更理想的結果**

人可以像超人一樣不斷變身，今天想變身成為小音樂家，下個月可能想變為跑步高手，想變什麼都可以！盡情想像，勇敢說出來，然後開心地去試看看，想像你已經是你想變身的樣子去做看看，在適當的時間就會成真了!!

願望實現以後，你可以繼續變身成更多、更好的自己喔!!

認清：孩子要的，到底是什麼？

在設定目標時，極有趣的一點是，大多數人都會設定「外在」的願望，然而，宇宙則會回應我們內心「真正想要的」（吸引力法則：宇宙會以各種形式回應與你當下振動頻率相符的事物）。

舉個例子來說，一位男性的目標是：我今年要存到十萬元去旅行。

這是他的外在願望，但他的內心其實是覺得自己孤陋寡聞，想藉由旅行來讓別

人看得起他。

此時，宇宙回應給他的，可能是進修的機會。所以不必執著於形式，而是著重想望的本質。

每個人在設定目標時，動機都不同，父母們聽到孩子的目標時，也可以引導孩子知道自己內心的動機是什麼？幫助孩子更了解自己、肯定自己的價值。

吸引力法則重點

「沒有做不到，只有想不到」，勇敢夢想是實現理想的先決條件，夢想可以讓孩子的振動頻率擴展到任何可能性，宇宙也會回應給你。

愈清晰的目標能讓打靶者越清楚該瞄準何處，也讓宇宙愈清楚、快速聚焦與回應你的所願！

注意：別讓限制信念阻礙孩子前進

在吸引力法則中，有一個法則十分吸引人，那就是「自由意志」——你，絕對可以成爲你所想的，而且不必很辛苦。

偏偏，人們卻喜歡爲自己設一堆柵欄考驗自己，讓自己跳過一個又一個的柵欄，才能到達目標（甚至到達不了）。

而且，還影響了孩子。

在一次午餐聚會中，有位媽媽帶著就讀小學二年級的兒子小華前來。聊著聊著，小華拿出一張通知單給媽媽看，原來是畫畫比賽的通知。

小華告訴媽媽，他想參加比賽，希望媽媽可以幫他塡寫資料。

「可是……」只見這位媽媽猶豫了一下回答：「你才學了兩個月的畫畫，去比賽會得獎嗎？」

被媽媽這樣一問，小華也遲疑了。

小華的媽媽認爲，學畫畫必須要有一定的長度和程度，才能達到一定的成果，

這樣的想法，就是一種限制信念。

簡單說，限制信念就像是給自己一個框框，它可以說是一種自我設限，也就是「我非得這樣做，不然就得不到某件事」的想法。在許多已婚男性身上，最容易見到的限制信念有：

「我必須要很會賺錢，才是個有肩膀的男人。」

「我應該要有一個好工作、好頭銜，老婆孩子才會有面子。」

「我要買得起房子，開好車，岳父、岳母才看得起我。」

至於已婚女性，也常聽到下面這些限制信念：

「我應該要外出工作，才能跟得上時代。」

「我的孩子如果不會念書，我會覺得很不好意思。」

「我不能對公婆頂嘴，不然就不是好媳婦。」

你發現了嗎？一個人的生活中，限制信念愈多，愈有綁手綁腳、活不出自我的感覺。

這些限制信念，究竟從何而來？父母的教養、老師的一句話、同儕的想法……

都可能爲我們帶來限制信念。

孩子的夢想，也可能在孵夢之初，就經常被限制信念所澆熄，連踏出第一步，都不敢。

不妨與孩子一同換個角度來看。

她，沒有雙手，只有一條腿，但她十五歲時就進入瑞典游泳國家代表隊、十八歲參加世界冠軍盃比賽，並勇奪金牌——她是蓮娜瑪麗亞。

他，身高只有一百六十公分，卻在長人如林的美國NBA中，成爲明星球員——他是博格斯。

只要有心，我們都可以找到更多突破限制信念，讓夢想實現的故事。

如果你的人生，已經或曾經受限制信念所苦，是否還要讓孩子也跟你一樣，在追求自我的時候，受困於限制信念呢？

孩子你做得到 把夢想清楚地說出來!!

你想要一顆紅色蘋果，還是一根黃色香蕉？

你想要變身成模範生，還是搞笑高手？

想清楚一點，不管在顏色上、外形上，想得再清楚一點，擁有它之後，你會有什麼感覺、什麼心情。想得愈清楚，宇宙、天空魔法和你內在的神燈精靈超能力，才會幫助你把夢想實現出來喔！

延伸思考

十個父母最容易影響孩子的限制信念

現在，你已經了解，限制信念對人生有多麼重大的影響。

根據統計，「絕對」「應該」「必須」這六個字最容易引發限制信念。

請趕快檢視看看，平常你是否會對孩子或周遭的友人說這些話：

□做孩子的絕對要聽父母的話，不然就是不孝順！

□如果你愛我，你應該要……

□你必須先好好念書，才能完成你想要的任何事！

□你的年紀太小了，怎麼做得到？

□現在社會競爭很大，要考上國立大學才有好前途。

□你以為你爸是王永慶，還是郭台銘！

□人家有錢，當然可以，我們家不行。

□想當王建民？台灣幾千萬人中也只有一個！

□你長得又不好看，還想當明星？

上述這些觀念與話語複述與加強了一般傳統流俗並未經檢核的信念（它們充斥在許多肥皂劇與社會新聞中），孩子接受了，會變得人云亦云，而覺得渺小無力，建議你打破這些潑冷水的習慣信念，用告訴孩子「嗯，你可以！我們一起來！」來取代，鼓舞孩子勇於突破創新。

各位親愛的父母師長，你有無法突破的限制性信念嗎？建議你參考歐美著名的心靈檢視法《一念之轉：四句話改變你的人生》，藉由四句問話來檢視你的信念與煩惱問題：

1 這是真的嗎？
2 我真的知道這是真的嗎？
3 當我一直持有這個想法，我會得到什麼？
4 如果我沒有這個想法時，我會是怎樣的人？

當你真正靜心去回答這四個問句之後，會發現事情並非如此，沒那麼嚴重，所有的煩惱與不可能，其實是來自於自己看待事物的眼光。此方法的發明者凱蒂常說：「造成我們痛苦的，並非問題本身，而是我們對問題的想法。」

第三把鑰匙

正面與樂觀的思考最好

在悲觀中，將一無所有；
在樂觀中，有無限的可能。

每當新認識的朋友得知我有三個小孩時，大家的反應幾乎都是：「很辛苦喔」「負擔很重喔」……

初次聽見時，我只是微笑帶過，但愈來愈多人都這樣對我說時，我開始思考：

爲什麼大家都覺得三個小孩很辛苦，而我一點兒都不覺得？

原因，就在於思考焦點的不同。

我總是想起三個孩子可愛的臉龐、甜美的笑容，以及妙不可言的童稚言語上——光想到這些，就足以讓我的心情好上一整天。

你有沒有發現，當你將焦點放在負面的想法上時，心情就會跟著往下降，然後愈想愈覺得糟糕。

不知不覺中，你也將這樣的思考模式，傳染給你的孩子。

於是，你發現，孩子遇到事情時，也充滿著擔心、懷疑、抱怨和憤怒。

此時，請趕快開啟第三把鑰匙。

在量子力學上，有所謂的「測不準原理」，說的是測量工具將會影響測量的結果。

在吸引力法則中，則有焦點原則：你聚焦在什麼傾向，就會往什麼傾向發展，你的身心也會出現相關的反應。

比如，我覺得養三個孩子很快樂，只要看到孩子，我就會充滿喜悅；某甲覺得養三個孩子負擔很重，那麼，他的身心也會受此影響，覺得孩子是一種拖累。

焦點原則不只反應在大人身上，在孩子身上更容易看得出來。像是下雨天時，有些孩子就會皺起眉頭說：「我討厭下雨。」然後，只要遇到下雨，這些孩子的心情就會變得不好。

另一些喜歡下雨的孩子，則懂得欣賞雨的聲音、雨的美好，一點兒也不覺得下雨是件令人心煩的事。

再如一個很怕爸爸的小孩，當聽到有人提到：「你爸爸說……」時，孩子即使還沒聽完下文，卻因爲長期怕爸爸，身體立刻縮了一下。

我們的身心是一個磁場，當我們都看到正面的部分時，身心就會產生正面磁場，協助我們可以更輕易地處理事情，不費力就可以吸引到好結果（就像小磁鐵的故事）。當我們將焦點放在負面的部分時，身心也會產生負面磁場，導致很多的矛盾和衝突，既費力又沒有好結果。

因此，我們要讓孩子學習「將焦點聚在樂觀的事物上」，而不是聚焦在負面的事情——無論是自己的事，或是別人的事。

因爲，當孩子覺得自己好的時候，他將會更好；覺得自己不好時，則很可能會

愈來愈糟。

在運用焦點原則時，有一項很重要的技巧，那就是專注在你要的事情上面，並避免用到「不要」兩字。

因爲，宇宙會自動將「不要」兩個字刪除。因爲你把焦點放在不要的事物上，反而給了它力量。

例如想要減肥的女性，請說：我要苗條；而避免說：我不要「變胖」。

想要成功的人，請說：我會成功；而避免說：我不要「失敗」。

宇宙對我們是非常好的，總是會給我們比我們想像中更棒的東西，只要我們保

孩子你做得到

讓眼光看向發光的地方

把注意力放在亮晶晶的地方，一個人閃亮亮的優點上，或一件事散發出光的那一面，

讓自己隨時都能看到事物好棒好棒的地方！

你愈注意光明的那一塊，它就會愈來愈好，愈來愈快，愈來愈多！

持著樂觀正面的焦點，加上清楚而明確的目標，結果將會像《少年小樹之歌》所說的一樣，整個宇宙將會聯合起來，協助你眞心想要的東西。

注意：不要抱怨、批評與對抗！

你知道嗎？一般人最常犯的不經意負面焦點行爲就是：抱怨、批評與對抗！因爲這是目前傳播媒體、政治人物與許多成人常有的情緒表達方式，可是就吸引力法則來看，這正是「負面焦點」的加強——你每批評、抱怨一次就是在描述與加強那對象的能量投射，使其在那負面傾向更加影響你，所以《祕密》一書裡經典的名句就是「反戰易帶來更多戰爭，反毒易帶來更多毒品」。

我們應該直接聚焦與支持正面行動，如：維護和平與保持健康，而非以負面批評或對抗的方式想取得「負負得正」的效果，因爲從能量磁場與事情結果來看那只會更糟而已。所以即日起，請帶你的孩子一起加入「不抱怨」運動吧（建議參考《不抱怨的世界》一書）。

吸引力法則重點

聚焦在正向樂觀的視角與可能性，不要無謂的擔心害怕「萬一如何如何……」。

不要對抗、批評或抱怨你所不悅和討厭的人事物，因為那只會加強對方的能量，讓事情更糟。

延伸思考

是愛？是恐懼？

近來，與家有女兒的家長們聊天時，發現這些家長有著同樣的疑問：既希望女兒有異性緣（以免將來嫁不出去），又擔心女兒年紀輕輕就交男朋友，誤了人生。

甲媽媽說：「我決定讓女兒國中和高中都念女校。」

乙媽媽說：「我決定一直接送女兒上下學，直到她考上大學為止。」

丙媽媽說：「我不給女兒手機，除非她不住在家裡。」

丁媽媽說：「不要讓女兒在電腦前坐太久，現在網路交友很恐怖的。」

聽了媽媽們妳一言、我一語討論著如何保護女兒的安全時，我突然想起了有次看到證嚴法師說的一段話，大意是這樣的：「如果父母親常常擔心他的孩子，孩子的福氣都被父母擔心掉了，形成『無意識的詛咒』；如果父母希望他的孩子有福氣，就要多多祝福他的孩子，而不是擔心孩子。」

記得第一次看到這一段話時，我的心中出現了極大的迴響，因為，從小我媽最擔心我的事大多都發生了！

父母不必要的擔心，等同於無形的詛咒。

如果，父母們言談之中，都充滿著擔心與恐懼，孩子又如何能真正學習到樂觀與正面思考？

孩子你做得到

不要去對抗、批評和抱怨你討厭的、不喜歡的，要去支持你喜愛的

看到不喜歡的事情，不要罵別人，也不要在心裡一直抱怨或老想跟別人打架。因為這樣不但會讓你心情更不好，而且會讓你不喜歡的事變得更恐怖、更有力量！

要把力氣給我們喜愛的人跟事，多去讚美、去支持他們，可以給他們更多力量與魔法，讓你喜愛的變得更多更豐富！

第四把鑰匙

教孩子學會想像，感受成真

加快夢想成真的祕訣，就是這個！

吸引力法則有個三步驟公式：要求（Ask）、回應（Answer）、接收（Receive）。

「要求」就是「設定目標」，此時要把你的願望明確表達。

「回應」就是宇宙會依照你的要求，以各種形式忠實地回應你所願，並將人事物以最適合、最短的途徑爲你吸引而來（這步驟你不必做什麼）。

「接收」就是你應該要在明確要求與設定目標後，讓自己像願望已成眞般的感受與行動（調整振動頻率與想望的結果一致才能快速落實），以配合接收宇宙爲你帶來的實現成果。

一個人許願要求美好戀情：代表當下你的現實生活與振動頻率沒有美好戀情（**Wanting something, but not get yet.**），有個心理上的缺口希望被填補，但是釐清所欲所願（有個美好戀情）後，在實現階段步驟三，需要你將自己調整成已經實現成眞的生活行動與振動頻率（想像有個美好戀人般的愉悅心情、說法與舉止行動），才能眞正配合宇宙安排實現夢想！

請注意一定要進行到步驟三「接收」——感受成眞階段，而不要停留在步驟一「要求」許願階段，原因是當你許願要求時是發出所「希望目標」——那是你想而未能達到的，所以散發的振動頻率是「想而未有」，若是持續在這心念狀態中，則吸引到的就是「我還沒有」的現實狀況，所以這把鑰匙可是心想事成的關鍵技術之鑰喔！

傳統的教育方式總是告訴我們：我們必須很努力、很認眞，必須具備好多好多

的「功夫」，才有機會爭取到我們要的結果。

比如：要當一位心理諮詢師，必須要考到心理科系，學習心理技巧，拿到心理相關證照，在相關單位實習，然後才有機會成爲一位心理諮詢師。

吸引力法則卻發現，我們不必這麼辛苦！

請看A圖和B圖。

A圖——傳統想法

有 Have
↓
做 To do
↓
是 Be

我必須擁有某些條件，做某些事情，才能成爲我想成爲的人。

B圖——吸引力法則

是 Be
↓
做 To do
↓
有 Have

我先想像自己已經成爲我想成爲的人，再以行動做某些這樣的事情，就能「有」這樣的條件與環境被吸引過來而願景實現成眞。

所以，如果一位想成爲心理諮詢師的人，請先想像自己已經是一位心理諮詢師，然後開始對朋友表達關心，傾聽朋友的心情，或是傳達心理訊息，那麼宇宙就會以各種方式來協助你，讓你有更多的機會與心理諮詢方面的工作接觸，幫助你成爲一位心理諮詢師。

再以減肥爲例，傳統的方式是：我想瘦，所以我必須運動和節食，才能減肥成功。

吸引力法則說：先想像自己已經是一個瘦子，並做瘦子會做的事，如：吃一點點就會飽、走路的時候很輕盈，相信自己、感謝食物，不帶著任何發胖負面心念進食。然後，就會慢慢瘦下來了。

豐富想像和感受成眞，同樣可以使用在學業上面。

我在演講時，經常告訴父母們：「要上台大，先去台大——多帶孩子到他心目中的志願走走逛逛，機會就這樣降臨了。」

這可不是我瞎說，因爲，我就是個運用想像和感受成眞這把鑰匙之後，讓美夢成眞的例子。

事情是發生在十多年前。

私立大學商管科系畢業的我（在校成績也不太好看，唯有的是活躍與豐富的社團活動和社會服務經歷），打算到美國念休閒管理研究所，無奈英文不佳，考了兩次托福，都落點在五百分（當時，托福成績必須要五五〇～六百分，才能念到美國前百大）。

雖然托福考得不好，我還是先飛到美國，寄住在紐約的表姊家，在附近一所社區大學學語文。

由於表姊的家離美國NYU（紐約大學）不算遠，只要有空，我都會泡在NYU的圖書館，想像自己就是NYU的學生。當走在NYU校園時，我也想像自己正在前往教室的路上。

不過，現實仍然是殘酷的，由於我的托福成績不符合，即使向NYU申請入學，第一關還是被NYU刷掉，眼看即將回台灣，我突然靈光乍現：不如趁回國

前，到休閒系辦公室拿一些資料，爲來年的申請做準備。

那是一個星期五的上午，當我到系辦公室時，只見一位長得很像肯德雞老奶奶的女士留守在那兒，她很和藹地遞了一張名片給我，上面寫著指導教授，並與我聊天，問了我許多問題，然後很驚訝地說：「你的英文會話相當不錯嘛，而且你的思緒也很清楚，活動服務經歷令人印象深刻，怎麼沒有申請上呢？」

其實因爲多年參加演辯社團，學習到多套腳本準備的技能，所以出國前事先爲自己擬了英文面試模擬問答三十題，把它中翻英後背熟，就這樣面談時只要跟準備「題庫」相關的，我自然就「對答如流」的出口成章。

孩子你做得到

玩「我說我是，我就會是」的遊戲

你可以和自己玩「我說我是，我就會是」的遊戲。

感覺自己是個什麼人，說話是、走路是、看起來也都是，你就會自然而然變成「是那樣」的人！

就像真的一樣去思考、說話和行動！吸引力就會強大，願望也會特別快速實現！

「大概是因爲我的托福成績不理想，分數未達標準。」我照實回答。

「OK！我告訴你，雖然申請時間已經過了，但是我建議你星期一再來一次，找一位XXX教授，這次的入學是他負責的，看看有沒有其他的方式入學。」

經過她的解說，我才知道，這所學校有所謂的「條件式入學」，只要得到負責教授同意背書推薦，就可以隨班附讀兩科，但必須每一科的成績都在A以上，在下一學期就能自然成爲正式生。

聽到了肯德雞奶奶的建議，我十分雀躍，沒想到一瞬間的念頭，竟然讓我有另一個機會。

隔週一，負責教授和我會談了之後，同意讓我參加「密西根測驗」（入學者均要參加的考試），這個考試總共有聽說讀寫四個項目，考試的成績則是用來評估該補多少英文學分的依據。

一般來說，在台灣托福考六百分的學生，通常還要修十二個英文學分才OK。

奇蹟的是，我的密西根測驗考得出其得好，只需要補六個英文學分就OK。

「現在，我這邊已經通過讓你入學，可是，你還有一關要過喔——你必須得到

系主任的推薦才行！」負責入學的教授一邊說，一邊帶著我去找系主任。

當系主任出現在我眼前時，我著實嚇了一跳，這……這不是那位肯德雞奶奶嗎？

終於，我如願以償地進入了夢寐以求的NYU研究所，並且以學生的身分走在NYU校園，使用NYU圖書館，吃著NYU餐廳的食物，並且不負肯德雞奶奶的慧眼，以良好的成績成爲正式研究生。

想想，一個托福成績進不了百大的學生，最後竟然從美國排名前三十名的NYU畢業，成爲馬英九、李安的學弟，是不是令人十分驚訝呢？

所以，別再懷疑了，從現在起，請與你和你的小孩開始想像，感受自己已經達成夢想吧！

因爲，我就是最好的證明。

吸引力法則重點

無時無刻，都要將振動頻率調整在美夢成真的狀態喔！因為宇宙會以各種形式回應你當下的振動頻率！

注意：協助孩子去除矛盾信念

在引導孩子想像時，很重要的一點是，我們必須協助孩子去除矛盾的信念。

什麼是矛盾信念？

先以成人最容易遇到的事情——感情爲例。

我在演講的時候，經常問在場的單身女性：希望另一半擁有什麼樣的條件？

幾乎每一次，都有女孩子回答：我想要一個又帥又體貼又溫柔又有錢的老公。

幾乎每一次，都有人立刻回應：這樣的老公誰不想要，可是帥哥容易花心，有錢的男人會變壞。

「既想要帥哥，又認爲帥哥易花心；既希望老公多金，又覺得多金男會作怪」——這就是矛盾信念。

當我們的願望中，出現了矛盾信念時，等於是在裝滿沙子的布袋中戳了一個洞，願望很難達成。

在孩子成長的過程中，許多矛盾信念都是來自於父母及長輩。這樣的信念，很

可能影響孩子一輩子。

一位朋友提到，他小的時候，經常被老師派去參加各種比賽，而不論是畫畫比賽或演講比賽，他的名次都在前三名。

有一次，他去參加美術比賽又得到了第二名。一回到家，他立刻告訴父母這個好消息。

沒想到，父親聽完之後，不但沒露出高興的表情，相反的，還扳著臉說：「你有沒有聽過一句話叫樣樣通、樣樣鬆。」「美術得獎有什麼用？你可以靠這個念到好大學嗎？」（當年並沒有推甄的制度。）

頓時，原本該是歡樂的氣氛，突然凝結了。

隨後，父親又加了一句：「將來考試是看考卷分數，又不是看誰會說話、誰會畫畫！」徹底扭轉了他的想法。

朋友告訴我，自從那一天起，他雖然還是被老師派出去比賽，也仍有得獎，但在得獎的同時，心中卻出現了兩種聲音，一種是很高興，另一種卻是「這也沒什麼了不起！」之後不知爲什麼，就再也沒有得獎了。

「這就是矛盾信念。」我告訴朋友，在他幼小的心靈裡，雖然期待得獎，但是父母親的觀念卻拉扯了他對於得獎的熱度，「如此一來，願望就容易被抵消。」

孩子你做得到 別跟自己打架

你會不會經常想去這裡玩，又想去那裡看看？想做一件事，卻害怕而不敢做；想要換一個新的東西，又捨不得丟掉舊的？

哇！請不要三心二意，不要自己跟自己打架喔！

因為你自己都拿不定主意，神奇精靈更不知道怎麼幫你了!!

延伸思考

五個父母最容易影響孩子的矛盾信念

孩子的言行舉止，受父母的影響最深，除了前文所提到的矛盾信念外，還有哪些最容易影響孩子的矛盾信念呢？

□告訴孩子：社會上的壞人很多，要小心！

對孩子的影響：不敢信任別人

□告訴孩子「我只要你快樂就好，成績不是那麼重要。」但每次考試之後，卻急著問孩子考幾分？考第幾名？

對孩子的影響：孩子會感受到父母心口不一，於是也自我矛盾起來，一旦考不好就會焦慮。

□要孩子守規矩，自己坐捷運時卻忙著搶座位。

對孩子的影響：因為不了解規範的界限，長大後可能做出犯法的事仍不自知。

□要孩子有創造力，在欣賞孩子的作品時，又批評孩子畫得不像。

對孩子的影響：孩子認為，畫得不像，就是不好，於是漸漸失去原創力。

□要孩子們和平相處，自己卻會打罵孩子。

對孩子的影響：所謂有樣學樣，所以，別怪老師說你的孩子在學校打人罵人。

□要孩子誠實，自己卻說謊。

對孩子的影響：有兩種可能性，一是孩子學會說謊；二是孩子對你不信任。

第五把鑰匙
懂得感恩與欣賞

感恩，是最有力量的祈禱！

感謝就是在跟宇宙說：是的！我喜歡！請給我更多!!

愛是宇宙最大力量，愛能淨化與消弭所有的隔閡與障礙。

在吸引力法則中，感恩是最棒的禮物，也是最有力的祈禱。

當一個人發出感恩心時，心中全是滿滿的感謝，此時的磁場是十分強大的。

而當宇宙感受到這就是你所要的東西時，將回應給你更多。

「問題是，去哪邊找這麼多讓人覺得感恩的事情？」每當我向聽眾提出懂得感恩這把鑰匙時，總會有聽眾提出這樣的問題。

嘿！這，的確是一個祕訣。

我們通常以爲，非得要中樂透或是受到別人的幫助，才能夠發出感恩的磁場，其實，只要你懂得運用，就可以透過祈求這件事，讓磁場變得強大。

因爲，就算是祈求，也有能量好的祈求方法，與能量不好的祈求方法。

舉個例子來說，如果有一個人唸唸有詞：「神啊，我好窮喔，請幫幫我。」

那麼，這個人的磁場就有很大的破洞，因爲他的焦點是放在負面能量上。

相反的，如果一個人說「神啊，謝謝你幫我這麼多」時，焦點就轉向感恩的正面能量上，磁場反而變得十分圓滿。

不同的情緒，有不同的磁場，在《有求必應》一書中，也將情緒分爲二十二種等級。愈高的等級，表示吸引好能量的磁場愈高，也最讓人容易達成願望，生活美好。

其中，感恩與愛、自由、充實、洞察、喜樂的情緒，同時被列爲最高等級。

除了感恩外，欣賞也是另一個讓磁場更好的祕訣喔！

過去，曾經有位國小老師，讓同學以吐司麵包進行實驗。

方法很簡單，拿兩片吐司麵包，要同學對其中一片「說好話」，對另一片「說壞話」。

結果，總是被說壞話的吐司，沒幾天就發霉了，而總是聽到好話的吐司，則比較慢發霉。

看，連吐司都被影響了，何況是人！（可參考《生命的答案水知道》一書）

當一個人懂得欣賞時，自然會將焦點放在正面能量，再加上懂得感恩，哇！光用想的就知道，磁場會有多麼強了！

平日，請常常與孩子練習感恩和欣賞，讓感恩與欣賞的好磁場，吸引到更多好磁場。當孩子對某個人發出感恩或欣賞的磁場時，對方也會感受到，無形中讓孩子增加良好的人際關係，幫孩子帶來更多的好運喔！

吸引力法則重點

將振動頻率調到第一檔，讓感恩和欣賞時時伴隨著你。

祕訣：「我愛你」淨化法——夏威夷傳統心靈療法

愛、感謝和欣賞都是振動頻率最高的心態，根據吸引力法則最能吸引正向結果。常懷「我愛你」心念，甚至可以拿來淨化與平衡負面能量，所以你有任何不順遂與希望有好結果的人際關係、健康或其他問題，請持續心中默禱——對著欲和解的人或期望康復的身體發出「我愛你」的心念，這樣可以發揮咒語般的神奇效果，可移除你所有負面記憶和態度，並清除彼此間的能量與頻率的阻礙而達至和諧的結果，非常推薦你與孩子們一試！

此心靈療法共有四句話「對不起」「請原諒我」「謝謝」和「我愛你」，可運用在任何想解決問題的對象上。（更詳細神奇的說明請參考《零極限——創造健康，平靜和財富的夏威夷療法》方智出版）

孩子你做得到

感謝與欣賞是最強力有效的祈禱，那是在跟宇宙說：
「謝謝！我喜歡！請給我更多!!」

你想要許願嗎？不要可憐的苦苦哀求喔，請這樣說：
「我好謝謝有〇〇〇，使我感覺生活豐盛愉快！」
「我好欣賞〇〇〇，我覺得那真美好喔！」
因為感謝，宇宙的神奇魔法就會變出更多同樣的東西給我們喔！

練習：感恩與欣賞練習

下面有許多方法，可以讓全家人一同練習感恩和欣賞，你將發現，原來我們的生活中，有這麼多這麼棒的事情值得感恩，值得欣賞。

＊每天睡覺前，感謝今天生活上的種種事情，像是好天氣、雨水、聽到一句受益無窮的話、看到人們的笑容、吃了新鮮的蔬果……等，許多事情真的都值

得感恩。

＊收到特別的東西時，如別人送的小餅乾、受到朋友的幫忙，更要立即的、真心的感謝對方。

＊每天選一個全家都認識的人，輪流分享家人欣賞這個人的哪一點。可以是孩子的同學、老師、朋友，也可以是父母的朋友，或家中的親戚、便利商店的店員……

＊外出時，看到迎面走來的陌生人，家人可分享自己欣賞陌生人的哪一個部分。

＊全家一起閱讀某位人士的傳記或文章、報導，並提出自己最欣賞此人的地方。

孩子你做得到 我愛你！是宇宙最神奇最厲害的咒語

你有討厭、頭痛，沒辦法面對或解決的人或事嗎？

你不時會想罵人「@#$%&*」嗎？等等！有個神奇咒語，請你試試看！

在心中常對著他們說：「我愛你！」

也可以搭配「請原諒我」「對不起」「謝謝你」一起說，就會產生神奇可愛光線把它們變好，還可以把煩惱、障礙，變消失不見喔！不管信不信，反正在心裡說，對自己不會有任何損失，請發揮實驗家的精神，多多使用看看吧！

Part3

孩子的心事
吸引力法則
來解決

別看孩子還小，其實他們的心事還頗多的。

總括來說，孩子的心事可分爲三類：

第一類是所希望的，如想考第一名、想當模範生、想成爲明星。

第二類是孩子所厭惡或不喜歡看到的，如不喜歡自己的外表、被同學說壞話、討厭班上的某個同學。

第三類是孩子害怕的，如怕游泳、怕火、怕阿飄。

應用本書五把金鑰觀念

面對第一類的問題，基本上要先讓孩子做心理建設，覺得自己是値得的，有能夠做到的信念（第一把鑰匙：讓孩子相信自己是値得的）。然後，搭配本書其他技術金鑰觀念（明確目標、正面焦點、感受成眞、愛和感謝），讓孩子開朗地朝理想前去。

如果孩子的困擾是第二類，基本上首先要做的是將思考焦點從「所惡」反轉

到「所喜」（第三把鑰匙：正面與樂觀的思考最好）這樣心事焦點就變成類似「有所希望」的第一類問題，自然可以採用第一類相同的引導步驟。

第三類的孩子，可能是對於害怕的事物有不好的經驗，或者光憑想像就覺得某事很恐怖。也可能是難以解釋的細胞記憶等因素。了解吸引力法則，可以協助孩子降低恐懼做正向樂觀嘗試！

想知道如何用吸引力法則來幫助孩子達成願望，遠離厭惡，並且不害怕嗎？

往下看，就知道了！

心事 1
我想要考一百分

每次看到同學考滿分，我就很羨慕，其實我也很用功，為什麼就是不能考一百分？

對於許多孩子來說，能考到「一百分」，是十分喜悅的事情，但是，隨著課程愈來愈難，孩子們似乎也感覺到，考一百分愈來愈難了。

此時，父母們可以教孩子按照下面的步驟進行，不但可以重拾孩子的自信心，對於成績也有一定的幫助喔（我不是強調要追求表面完美的一百分，而是以一百分做爲一個投射的理想目標來探討，請視孩子狀況對分數等第予以鼓勵）！

心想事成這樣做

1 讓孩子覺得自己做得到

告訴孩子：「你當然可以，你有無限的潛能，你可以完成任何你想的事。」並舉出孩子在讀書和作答上面的優點，再次強調：「你一定會愈來愈接近一百分。」

2 教孩子設定目標的方法

一旦孩子許久未考到理想的分數，久了之後很可能連「考一百分」的目標都不敢、不願意想，父母們請多鼓勵孩子重拾信心，可以從「分數有進步」「愈來愈好」做爲目標，循序漸進，達成孩子的理想。

3 將焦點放在「只要我……就可以」

當孩子許久考不到一百分時，很容易自問「爲什麼我就是不能考一百」「我

是不是再也考不到一百分」「一百分有什麼了不起」種種負面的語言，此時，請引導孩子將焦點放在「只要我……就可以了」。如：「只要我更細心，就會考一百」「只要我不放棄，我一定有機會考一百」，加強孩子的正面想法。

根據吸引力法則，愈是緊張、擔心考不好，愈是會考不好，所以，請給予孩子正面的引導，讓孩子以喜悅、輕鬆的心情面對考試吧！

4 用美好的感覺來念書

請孩子想像，自己考了一百分的畫面和感覺，並且抱持著這樣的美好感覺來念書、寫考卷。

加速成真，有方法

✱進行「我希望，因為」活動

準備一張紙和一支筆。

讓孩子在紙上寫著：我希望考一百分。

接下來，引導孩子想一想：爲什麼希望考一百分？並將理由寫下來。

如：我希望考一百分。

因爲一百分讓我覺得我很棒。

因爲一百分可以被老師稱讚。

因爲一百分讓我很高興。

讓孩子思考爲什麼想要某件事情，並一一寫出來，將有助於願望的專注，同時也讓宇宙更清楚而明確的接收孩子的願望。

＊將一百分的考卷貼在書桌上

孩子想要考一百分！

不妨找一張考卷，上面填寫孩子的班級、姓名、座號，並在分數欄寫上大大的一百。將這張考卷貼在孩子的書桌上或牆壁上，讓孩子可以經常看到，增加一百分的希望。

現在，就讓孩子體會考一百分的感覺吧！

＊進行「我知道我可以」的練習

在每一次複習之前，引導孩子告訴自己：我知道自己可以讀得很好。

讓孩子抱著這樣的心情念書，讓心情更愉快。

↓這個方法相當於給孩子正面的心理建設，讓孩子的潛意識接收「我可以」「我做得到」的訊息，協助孩子不再排斥念書。

送給孩子的禮物

現在，請寫一張小卡片送給孩子。

小卡片上的文字可以從下方選擇你覺得最適合的：

* 我相信自己有無限的潛能，我可以完成任何我想完成的事。
* 我可以很輕鬆地吸收到我學習的東西，寫考卷時也很順利。
* 我知道學習新東西可以擴展我的知識，所以我很高興。
* 我明白考試是讓我知道什麼地方要加強，所以我欣然接受。
* 我可以從學習中找到新的樂趣，在考試裡發揮我的潛能。

延伸思考

你知道孩子為什麼要考一百分嗎？

孩子為什麼想要考一百分？是自己真的想要？還是孩子感受到父母的期望，而把它當成自己的目標？

如果是前者，請家長留意孩子想要考一百分的原因，是否覺得一百分才是完美？或是與人競爭的心態使然？這兩種心態，容易造成孩子極端的性格，都不是十分健康喔！

如果孩子是把父母的期望誤以為自己的希望，並且努力爭取，這樣的孩子或許很孝順，卻會造成孩子為了父母而活，失去自我——這是身為父母的你，希望看到的結果嗎？

我會希望孩子學會自我肯定，並將自我挑戰視為一種遊戲，在自我挑戰的過程中，體會生命的喜悅，而不是為了與人比較、競爭，為了父母的期望而活！

心事2 有同學說我壞話、排擠我

今天小莉告訴我，小萍在班上說我的壞話，我根本沒做那些事，她為什麼要這樣子？害大家都不理我了，我該怎麼辦？

小莉的處境，是許多成長中的孩子——尤其是女生，很容易遇到的。當孩子面臨被傳流言、說壞話時，家長們該如何協助呢？

從吸引力法則來看，愈擔心的事情，就愈容易發生。

因此，當流言上身時，首先要保持信任自己的心情。

愈在乎就愈有力量，當孩子認爲「大家都這樣看我」時，心中就會疑神疑鬼，

姿態也就不自主地扭捏不自然。

而愈是這樣，就容易讓同儕覺得孩子「作賊心虛」。

心想事成這樣做

1 父母的支持，是孩子最大的動力

父母們不妨告訴孩子：「你有很多的優點，而且也沒有做任何對不起大家的事情，所以，不需要因爲同學的誤會就動搖。」

父母的支持，是孩子最大的動力，更是孩子自信心的來源。

2 將焦點放在自己的優點上

根據吸引力法則來看，一旦孩子一直想著「他們爲什麼要誤會我」，愈是無法擺脫這樣的困擾。不但造成自己心理上的不舒服，也會讓同學有一種「烏雲密佈」

的感覺，這麼一來，同學更不願靠近。所以，請引導孩子將焦點放在其他正向的事物上，多想一想以前與同學快樂相處的感覺。

3 送出光與愛的念頭，想像與同學相處融洽

說不清的誤會可以用能量運作的心靈方法，讓我們送出愛的心念來消弭誤會，心中持續對著班上同學默唸「我愛你」（第五把鑰匙：懂得感恩與欣賞）在潛意識層面，同學們將會直覺的收到孩子的善意與和解意願的！

再告訴孩子：「並不是每一個人都相信流言。」並引導孩子想像，自己與同學們相處融洽、開心快樂的畫面。

加速成真，有方法

＊教孩子寫出不喜歡與喜歡清單

孩子因爲被同儕排擠，心中絕對不好受，此時，請拿出一張紙，一支筆，將紙分成一半。

引導孩子在上半部寫下他不喜歡的事，下半邊寫上孩子喜歡的事，每寫出一個不喜歡的，就要寫一個喜歡的，並將不喜歡的畫掉，如下表：

我不喜歡的事	（焦點轉化為）→	我喜歡的事
~~同學誤會我~~		同學了解我
~~同學欺負我~~		同學對我很好
~~同學說我壞話~~		同學看到我的優點

＊優點大轟炸 I

這個方法是藉由家人的支持，加強孩子的信心。做法是全家人聚在一起，每個人輪流說出孩子的優點，如此可以強化孩子內心的自我肯定，也比較不易因爲同學說壞話而心情受影響。

＊優點大轟炸II

這個活動可以接在「優點大轟炸I」的後面進行，請孩子說出班上哪一個人說他壞話、排擠他，然後讓孩子想一想這個人的優點，鼓勵孩子在班上時，如果逮到機會，就立刻讚美此人（讓孩子成為主動創造良性互動的「荷光者——帶來光明與改變的人」）。

送給孩子的禮物

現在，請寫一張小卡片送給孩子。

小卡片上的文字可以從下方選擇你覺得最適合的：

＊我喜愛大家，也總是得到大家的支持與喜愛。

＊或許不小心會產生些誤會，但我相信大家都是善良與可愛的。

＊我願意設身處地，想想別人為什麼這樣說。

＊我可以從不愉快的事情中，找出新的人生經驗。

＊所有的事情，都可以圓滿的完成，我和大家都是好朋友。

延伸思考

幫助孩子度過人際困擾

成人在面對流言時，可以勇於澄清，或是不甩它，讓時間來證明；但孩子可不同，尤其是成長中的階段，往往會被流言影響情緒。

在這個時候，平靜穩定的態度，十分有助於孩子度過人際困擾。如果孩子希望澄清誤會，不妨引導孩子以溫和而篤定的語氣告訴同學：「我沒有。」要比暴跳如雷，急於否認的態度更能被同儕們接受。

此外，也可以引導孩子，讓孩子在感受到被人說壞話的難受時，告訴孩子日後也不要這樣對待別人。

就吸引力法則來說，只要有任何念頭，不管是讚美或批評，對方都可以感覺得到，所以，平日就可以全家一同來練習說好話，養成正面念頭的習慣喔！

心事 3

我覺得爸媽偏心

今天我又被媽媽處罰了。
為什麼明明我跟弟弟說同樣的話，
媽媽卻只罰我不罰弟弟？每次買東西或吃東西時，
我覺得爸媽都對弟弟比較好，為什麼爸媽這麼偏心？我討厭弟弟。

家中有一個以上孩子的父母，對於這樣的情況應該都不陌生吧！
有時好不容易讓老大的心中舒坦了，沒想到下一刻又被老么說偏心。
到底有什麼方式，可以讓孩子們覺得爸媽沒有偏心呢？

心想事成這樣做

1 讓孩子覺得自己值得被愛

有時候，孩子會發出「父母偏心」的不滿，其實是覺得自己不夠好，不值得被父母愛。

因此當孩子在抱怨你偏心時，最重要的行動就是找一個兩人獨處的時間和空間，擁抱孩子，告訴孩子你愛他，讓孩子知道自己是值得被愛的。

2 引導孩子看見好的事情

當孩子覺得父母偏心時，通常是因爲孩子將焦點放在父母對手足的「好」上面，卻忽略了父母對自己好的地方。此時，當然得趕快轉移焦點，告訴孩子父母對他也是同樣的好。如果有一些共同的回憶，也不妨在這個時候提出來，讓孩子了解爸媽並沒有對弟妹偏心。

3 教孩子體會有手足真好

在吸引力法則中，感謝的力量是十分強大的。當一個人愈懂得感謝，得到的也愈多。

不妨舉出一些手足間相處時曾經發生過的快樂事情，告訴孩子：「你看，弟弟妹妹也對你很好。」「你和弟弟妹妹一起看電視，一起吃東西，一起玩，一起笑，是不是很棒？」「如果沒有弟弟妹妹，家中只有你一個小孩，就沒人陪你玩了多可惜。」讓孩子感覺，有弟妹眞好。

加速成真，有方法

* 挑竹棍遊戲

這個遊戲非常適合全家人一起進行。

首先，找一根竹子或圓木棍。

每個人僅能伸出一根食指，一同將竹子舉起、放下，掉了就要重來。

這個遊戲看似輕鬆，但由於竹子是圓的易滑，加上家中每個人的身高、年齡、力氣不同，

做起來可不是那麼容易。因此，從這個遊戲中，孩子更以體會到全家人團結一致時，是多麼有力

量，除了強化手足之間的感情，也能增進家庭意識喔！

＊進行「我們有多麼相同」活動

當孩子討厭他的手足時，眞的會看對方很多地方都不順眼。以前說妹妹撒嬌很可愛，現在卻說妹妹撒嬌很噁心。

請給孩子們一張紙和一支筆（不要一人給一張），要他們一同討論，在二十分鐘內寫出他們之間相同的地方。可以先給點提示，例如：兩人都有兩個眼睛、都喜歡吃巧克力。

不妨以孩子們共同想要某個東西當做獎品，例如看某一部電影、到某家餐廳吃飯、逛書店買二十元以內的小玩意兒。也可以列出獎品表，如：寫出二十點，可以得到貼紙；寫出三十點，可以得到小公仔等。

在進行活動時，孩子們勢必要共同進行腦力激盪，當他們發現手足之間竟然有這麼多相似點時，對於彼此的相容度也會提高，並增加認同感。

送給孩子的禮物

現在，請寫一張小卡片送給孩子。

小卡片上的文字可以從下方選擇你覺得最適合的：

* 我是爸爸媽媽的心肝寶貝。
* 我是值得被愛的。
* 我要謝謝爸爸、媽媽給我很好的照顧。
* 我要謝謝＿＿＿＿（自行填寫）跟我一起玩。我們都好開心！

延伸思考

當孩子說你偏心時

當孩子說你偏心時，你的反應通常是？

□跟孩子講道理。

□立刻否定孩子的想法。

□告訴孩子：「其實我對你比較好。」

□覺得有些愧疚，並告訴孩子要買東西給他。

有時候，偏心不一定是物質上的才叫做偏心。孩子是十分純淨而敏感的，即使是「精神上的偏心」，孩子也感覺得到。

所謂「精神上的偏心」，範圍很廣，像是「尺度不同」。我有一位朋友提到，在她小時候，她和妹妹雖然都說同一句難聽的話，但她會被罵，妹妹卻完全沒事。

另一種精神偏心，是父母在言談中不經意透露出「誰比誰優秀」的內容，當然，父母

或許不會直接點出誰比較優秀，卻會使用諸如「姊姊在妹妹這個年紀時，就已經會背三字經了，妹妹卻還不會」的話，同樣會讓孩子產生父母對另一位手足比較好的感覺。

還有一種精神偏心，源自於父母的原生家庭所影響，像是一位身為長女的媽媽就提到，她從小就被賦予老大要無怨無悔照顧弟妹的想法，當她有兩個孩子時，自然也會依樣畫葫蘆，卻被大女兒說她偏心。

另一位媽媽則說，她小時候家裡很窮，她的衣服都是兩個姊姊穿過的，從來沒擁有過自己的衣服，讓她很受傷，所以，當她有兩個小孩時，她幫小女兒買的衣服，反而比大女兒來得多。

除了上述的精神偏心模式外，有些信念，也會讓孩子覺得父母偏心，如「女孩子不必讀太多書，把家事做好最重要」這樣的想法，都是一種精神上的偏心喔！

心事4

我不喜歡我的外表

今天小雲收到了一封信，是阿吉寫給她的。

我很羨慕小雲，因為她長得很漂亮又瘦瘦的，

男生都很喜歡她，都自願幫她忙，連我最欣賞的阿吉，也喜歡小雲。

為什麼我不能像小雲一樣，長得又漂亮又瘦呢？

你的孩子對於自己的外表感到不滿意嗎？

你會怎麼回答？

□長相是天生的，我也沒辦法！

□外表不重要，內在比較重要啦！

□別人是別人，你是你！

□別嫌了，你比我小時候好看多了！

不管說什麼，孩子還是在意自己的外表怎麼辦呢？試著以下的方式，解決孩子的心事吧！

心想事成這樣做

1 了解孩子真正在乎的是什麼？

當孩子不滿意自己的外表時，很多時候，事情絕對不只是外表那麼簡單。

此時要做的是，問問孩子：當擁有你想要的外表後，有什麼好處？

你會發現，孩子最在乎的可能是人際關係（同性、異性均包括），或是出現競爭心態……此時，再引導孩子進行相關主題的討論。

我在座談會時，也會遇到上班族覺得自己身材太胖、長相不優的例子，我會將焦點放在健康與內涵上：「健康當然是必要的，但如果你想瘦到四十公斤，把自己變得營養不良；或是爲了想成爲林志玲跑去整型，是否也要思考一下，自己花了太多的金錢、時間在外貌上，而忽略了思想上的精進，這樣好嗎？」

另一點值得注意的是，媒體的影響。

不論是電視劇，甚至卡通，都存在著對於女性外表的評論，不知不覺中，孩子的潛意識就被灌輸「要瘦、美、大胸部」才好。有些節目也會以男性外表爲題材。

此外，廣告也不容忽視。

現今的廣告，大都是以「引起恐懼」爲出發點，告訴人們的潛意識「如果缺少了這樣東西，人生就不圓滿」。

吸引力法則告訴我們：每個人生下來都是本事俱足、圓滿的，只要你相信自己，給予自己完全的安全感與信任感，就不容易被外在的東西打敗。

誠心建議父母們與孩子一同收看電視，一遇到批評兩性的身體、外表，或是不尊重女性或男性的內容時，就可以即刻給予孩子正確的觀念。

2 肯定自己，大聲唸出來

孩子不滿意自己時，往往會看不到自己的優點，請與孩子共同討論他有哪些優點，並將這些優點一一列在紙上，讓孩子大聲唸出來。唸的時候，請在每一個優點前，都加上「我是」兩字，例如「我是善解人意的」「我是善良的」「我是有創意的」。

當孩子大聲唸出自己的優點時，不但可以將孩子的焦點從負面轉向正面，還可以增強孩子的自我肯定，孩子也會學習看別人的內在優點，不再只是看到外表。

3 感恩和欣賞

請孩子從今天開始學習感恩，感謝自己的身體和每個細胞，支持日常的各種生活活動，讚美自己身體的健全與靈巧，進而發自內心的愛護、愛惜自己，身體細胞會收到你的感謝，自然而然也就健康亮麗起來喔！可鼓勵孩子把這當成每晚睡前必進行的活動之一。

加速成真，有方法

＊自製夢想拼盤

準備一張四開的紙，粉彩紙或書面紙都可以，讓孩子選擇他喜歡的色彩。

告訴孩子，這是他的夢想拼盤，讓孩子用他喜歡的顏色，在紙上面寫「夢想拼盤」四個字。

鼓勵孩子將喜歡的人物照片、相關圖片貼在夢想拼盤上。

當孩子遇到不如意時，看到了他的夢想拼盤，讓好念頭重新飛揚，動力也跟著來了。

＊自製喜歡小書

帶孩子到書店，選一本他喜歡的筆記本（筆記本內的行距必須是適合孩子書寫的）。如果你的孩子喜歡動手作，鼓勵孩子自製一本小書。

讓孩子在封面上寫「我的喜歡小書」。

鼓勵孩子在第一頁寫下他一直都很喜歡的東西——人事物不拘。例如某位明星、小狗、畫畫、旅遊地點……

在寫下喜歡的人事物後，可以想一想爲什麼喜歡、他有什麼優點，並寫下來。告訴孩子：「以後，只要有任何他喜歡的人、事、物，都可以寫在他專屬的喜歡小書內。」

例1：我喜歡張惠妹。

因爲她唱歌很好聽，跳舞很好看，她很認眞。

例2：我喜歡某某庭園咖啡廳。

因爲這家咖啡廳有很多植物，食物很好吃又不會很貴，有很多草地可以盡情奔跑，晚上還可以看星星。

自製喜歡小書，可以讓孩子專注在快樂、喜悅、發掘優點的正面能量中，養成這樣子的思考模式後，就不會將焦點放在負面的事情上，有助於願望提早達成。

＊進行「照鏡子說謝謝」活動

讓孩子每天照鏡子，雙手依序按摩五官，並對五官說一些體貼、欣賞、感謝的話。例如：

眉毛，你讓汗水不會直接流到眼睛，辛苦了，謝謝你。

眼睛，你每天都幫我看那麼多字，辛苦了，謝謝你。

鼻子，你每天讓我呼吸空氣，辛苦了，謝謝你。

耳朵，你每天幫我聽了好多的話，辛苦了，謝謝你。

嘴巴，你每天要說好多的話，辛苦了，謝謝你。

感恩與欣賞，可以從自己身上開始，鼓勵孩子每天進行照鏡子說謝謝的活動，也可以藉此更認識自己，接納自己喔！

＊我是小記者遊戲（適合中高年紀以上較大孩子進行）

給孩子紙筆，告訴孩子：「今天，你是一個小記者。」

一同與孩子觀看電視節目，當孩子發現節目中有任何不尊重女性或男性、或是開外表玩笑、影射外表好壞定義的內容時，就畫正字記錄下來，最後並進行結算。

非常重要的一點是，與孩子討論節目中，哪一段話令他印象最深刻？他的想法又是如何？

這個遊戲可以讓孩子釐清對外表的迷思喔！

送給孩子的禮物

現在，請寫一張小卡片送給孩子。

小卡片上的文字可以從下方選擇你覺得最適合的：

＊我是有著獨一無二特質的可愛寶貝。

＊我喜歡和別人不同的自己，也喜歡和我不一樣的大家。

＊我可以找到每個人更多的優點，也可以找到自己更多的優點。

＊當我覺得自己是什麼樣子時，我就是那個樣子。

延伸思考

為什麼孩子不滿意自己的外表？

在這一個例子中，理想的引導，可以做到：

□加強孩子的自信心。

□幫助孩子接納自己和寬容別人。

我在美國念書時，曾經看過一家健身中心的廣告上兩位身材姣好的裸身男女，文案寫著：「身材是最好的外衣！」我打趣地說了下聯：「那氣質該是最好的身材。」

在告訴孩子如何心想事成時，不妨與孩子討論審美觀，並引導孩子聚焦在孩子較看不到的部分，例如：整潔、親切……等優點。

當孩子不滿意自己的外表時，也請父母別忘了問孩子：「為什麼你不喜歡自己的外表？」

大部分不滿意自己外表的孩子，其實隱藏了一顆尚未完全接納自己的心，建議父母們

可多留意孩子為什麼不接納自己，並加以引導。

美麗的外表與苗條的身材，並不能永遠的吸引人，如果一個人擁有漂亮的外表，並且長期擁有好人緣，必定是有其他的優點。

心事5
我害怕游泳

怎麼辦？升上五年級以後，學校就有游泳課了。我很怕水，以前爸媽帶我到游泳池，我拖了好久才願意下水，而且一定要有游泳圈和爸爸在旁邊才行，現在聽說再過不久，全班都要學游泳，一想到這件事，我就害怕得要發抖，怎麼辦？

我在游泳池畔，偶爾會看到一些因爲怕水而尖叫、哭鬧著不肯下水的孩子。無論家長在一旁好說歹說，或是威脅利誘，孩子就是不願意踏進泳池一步。如果你的孩子也害怕游泳，就讓吸引力法則來協助孩子吧！

心想事成這樣做

1 轉移焦點，讓孩子覺得水是很好玩的、水是我們的好朋友

許多人會害怕，源自於「未知」。

既然孩子怕水，那麼，就把孩子的焦點，從怕水轉移到水很好玩。

首先，告訴孩子，水是什麼。

無論是知識性的，如：人體有八十％都是水。

或者是實用性的，如：沒有水，就會生病。

甚至帶孩子做水實驗，讓孩子先去接觸與水有關的遊樂器材都好。

總之，先讓孩子了解水是怎麼一回事，並多帶孩子到泳池泡水，讓孩子愛上玩水，感謝水對我們生命生活的支持，知道水並不是那麼恐怖。就可以進行下一步了。

2 想像自己如魚得水

你家中有與游泳有關的卡通或影片嗎？如果有，不妨多放給孩子看。加強孩子對游泳的輕鬆感受，並在每天找一個時間（睡前是最適合的時間），讓孩子想像自己在水中愉快游泳的畫面。

千萬別小看想像的威力喔，在《念力的祕密》一書中，作者提到一九九七年切斯特大學曾經讓兩組男性做實驗。第一組確實進行肌力訓練，第二組則是輕鬆地想像自己接受相同的肌力訓練。結果第一組的成員肌力增加三十%，第二組成員的肌力竟也增加了十六%之多。所以這樣的「觀想」與「心靈意像法」是已普遍獲得證實的有效方法。

加速成真，有方法

* 冷凍害怕

這個方法很簡單，也十分有趣。只要家中有紙、筆、冰箱，就可以進行。

首先，問孩子害怕什麼。

接著，讓孩子將害怕的事情寫在紙上。如果孩子想用畫的，也可以。

和孩子將這張紙對折，帶孩子到冰箱前，讓孩子親手將這張紙放進冷凍庫裡。

告訴孩子：你害怕的事情已經被冷凍起來了！

對孩子來說，可以將果汁從液體變成冰棒的冷凍庫是十分特殊的，把害怕冷凍起來，讓它再也跑不掉！嗯，大部分的孩子都還滿喜歡這一招！

＊丟掉害怕

首先，問孩子害怕什麼。

然後，閉上眼睛，想像害怕的畫面。

接下來，將這個害怕的畫面，放在一張紙上。

想像這張紙被揉成一團，愈來愈小，愈來愈小，最後小到像一個小點點，然後屈指一彈。看！很輕易就將它丟進垃圾桶了。

＊在浴缸進行練習

許多孩子並不見得眞的怕水，而是對泳池的場地感到陌生而害怕，父母不妨讓孩子先在家中浴缸多泡水、玩水，練習水中悶氣，一旦孩子學會悶氣後，對於陌生泳池的抗拒也就不那麼大了。

有時候，可帶孩子在泳池多玩幾回，當孩子熟悉泳池之後，害怕的程度也會跟著下降。

送給孩子的禮物

現在，請寫一張小卡片送給孩子。

小卡片上的文字可以從下方選擇你覺得最適合的：

* 每個嘗試都是成長與成功。
* 我是自己的主人，我可以完成這件事。
* 我可以去請問不害怕這件事的人，並且向他們學習。
* 我有很大的力量及愛，一定可以幫助我完成這件事。
* 我是一個正面思考的人，當我聽到負面聲音時，我會立刻發現並調回正面。

延伸思考

害怕是有原因的

孩子害怕某件事情，原因很多。

以水為例，有些孩子因為小時候有被水嗆到的經驗，對水有不愉快的連結。

有些孩子不喜歡腳踩不到地的感覺。

有的孩子就是不敢下水。

還有一種情形則來自於較神祕的前世今生或細胞記憶（我認識一位老師，對水果怕得不得了，甚至連聽到「水果」兩字，全身都會發抖），這可能可以求助於催眠等心靈療法，在本書則不予討論（可參考《前世今生》相關書籍）。

心事6

我想成為明星

我喜歡唱歌，也喜歡在台上表演，
我的偶像是蔡依林，希望以後可以像她一樣；
坐在我隔壁的小中說他喜歡打棒球，想成為王建民。
可是，我的爸媽和小中的爸媽都說，要成為蔡依林和王建民
是不可能的事，要我們好好念書就對了——我真的不能成為明星嗎？

當孩子有夢想時，請給予孩子支持，以免孩子成爲連想都不敢想的人。

心想事成這樣做

1 讓孩子覺得他可以

告訴孩子：「你可以成爲任何你想要的人。」

只要父母認同孩子，孩子也會認同自己。

請多鼓勵孩子多嘗試，避免說出「不可能」三個字。縱使你覺得孩子的想法眞的不可行，也不要澆熄孩子的熱情，以免孩子日後「不試就放棄」的習慣。這麼一來，不但失去了勇於嘗試的冒險心，還失去了孩子在人生中本該有的豪氣。

如果孩子嘗試之後，眞的覺得自己不適合，那也無妨，因爲孩子會從多次的嘗試中，學習不同的經驗，找到最適合自己的。

2 遇到挫折時，想像自己已經會了

我的女兒是楊丞琳的粉絲，有一天，一位朋友看她很會畫畫，就稱讚她以後可

以當畫家，沒想到，女兒立刻回答：「才不是哩，我以後要當明星。」

我很欣賞小學一年級的她，這麼篤定將來要當明星的表情，每次只要一想起她唱楊丞琳的歌，模仿楊丞琳在偶像劇中說台詞時，我也想像她將來成爲明星的樣子。

如果你的孩子已經擁有對未來的夢想，而且你也發現孩子的表現還不錯，當孩子朝夢想之路前進，卻遇到挫折時，請教孩子想像自己成功的模樣。

一位朋友的孩子想成爲鋼琴家，朋友也讓孩子去學鋼琴。可是，當琴譜愈來愈難時，朋友的孩子總是覺得怎麼彈都彈不好，還難過得哭了。

我告訴朋友：「不妨找到這首歌的CD，讓孩子一邊聽著音樂，一邊想像自己就是演奏者。」

這個方法，正是運用吸引力法則中的觀想成眞。

我認識一位好友，她在初學習日文半年內就說得一口流利的日語口音。許多當地人都以爲她是日本人。

究竟，朋友是用什麼方法，讓日本人都聽不出她來自異鄉呢？

她說：「我的學習就跟一般人一樣，只是每天都看著NHK的新聞節目，雖然聽不懂，但一邊對嘴一邊想像自己就像那位新聞女主播一樣播報。一段時間下來，自然而然發音與口音都很標準。」

親愛的父母們，請教導孩子在遇到挫折時，多鼓勵孩子，並給予孩子支援，與孩子一同想像孩子已經會了的模樣吧！

加速成真，有方法

＊有行動，就等於踏出第一步

想成爲蔡依林嗎？

告訴孩子：「那就從小小蔡依林做起。」

只要班級、學校有任何上台唱歌的機會，都請鼓勵孩子參加。

想成爲王建民？當然也就從加入棒球社開始。

＊想像自己魅力四射

不論台下的觀衆是多是少，哪怕不到十人，都要告訴孩子：只要站到台上，就要想像台下的觀衆人山人海，而自己則是個超級巨星，熱力四射，賣力演出，樂在其中，創造出屬於自己的魅力。

如果想成爲王建民，則把握每一次投球，打球的機會。每一次，都想像自己是王建民上身。

＊製作魔法許願箱

協助孩子挑選一個他喜歡的盒子，告訴孩子：「這是你專屬的魔法許願箱。」讓孩子在盒子最醒目的地方寫上「魔法許願箱讓願望成眞」幾個字。

收集一些雜誌，型錄或小冊子，讓孩子找出吸引他的圖片，如：衣服、文具、玩具、旅遊地點、家人擁抱……並一一剪下來，投進他的魔法許願箱。

告訴孩子，即使他在學校或路上，看到吸引他的事物，卻無法將這些事物剪下

來時，也不要緊，因爲，只需要想像這些事物變成圖片，再想像這些圖片被送到他的魔法許願箱，就ＯＫ了！

請鼓勵孩子持續將吸引他的圖片放入魔法許願箱，這麼一來，可以讓孩子的心情持續正面，並專注於自己想要的願望上面，相信宇宙的回應會讓孩子很快樂。

送給孩子的禮物

現在，請寫一張小卡片送給孩子。

小卡片上的文字可以從下方選擇你覺得最適合的：

＊我有充分的資源與機會可以成爲我想要成爲的人。

＊我可以開心的在任何地方成爲我想成爲的人。

＊我是一個有價值的人，宇宙也會回應我該得的價值。

＊一旦我下定決心，整個世界都會幫助我。

延伸思考

孩子的夢想不只一個，怎麼辦？

孩子可能同時會有兩、三個夢想，這時候，請別急著替孩子做選擇。誰說棒球好手，就不能成為畫家？

重要的是，讓孩子持續夢想，即使孩子熱衷某件事情半年後，又轉移目標，也不要緊，因為這是孩子自我摸索的階段，請避免批評孩子只有三分鐘熱度，以免影響孩子日後即使有新的夢想，也變得不敢追求。

心事 7

我的零用錢不夠

今天老師問我們每個月有多少零用錢，
我們班有人每個月可以拿到一千元耶，
可是我每個月的零用錢卻不到一百元，
害我每次看到同學買的新文具時，都不能買，
因為我的錢不夠——為什麼媽媽不給我更多的零用錢？

許多家長聽到孩子的要求時，會覺得孩子身在福中不知福，於是回答：「你有沒有看看非洲的小孩子多可憐，連三餐都吃不飽，你有這樣子就很好了。」

這樣的回答，原本是要孩子學會知足，無形中卻給孩子一種：好吧！我只要這樣子就夠了。

從吸引力法則來看，當孩子從小到大，都發出「我只要這樣就夠了」的訊息，自然也會形成一切到這裡爲止的習慣。

那麼，我們到底要如何引導，才能讓孩子擁有想要的資源，又不至於貪心揮霍呢？

心想事成這樣做

1 轉移焦點：將抱怨轉移到感謝和欣賞

孩子看到同學擁有新物品時，多少會羨慕同學，並將焦點放在新物品的特殊之處。

比如：「我們班某某某的書包有燈光，還有輪子耶！我都沒有。」「某某人的鉛筆盒有鏡子，有筆架，還有兩層耶！我的都沒有這樣。」

此時，父母不妨引導孩子，將焦點從抱怨引導到感謝和欣賞。

當我們心存感謝的時候，相當於告訴老天爺：是的！謝謝老天給我這個！

宇宙收到這樣感謝的訊息時，將回應給我們更多。

所以，當孩子抱怨自己的文具，例如鉛筆盒，不像別人的那麼棒時，可以先問孩子：「嗯，聽起來別人的鉛筆盒很吸引你喔！不過，你現有的鉛筆盒，總是也有優點吧！你覺得它有什麼優點呢？」

然後，再感性地告訴孩子：「看，這個鉛筆盒每天跟著你去上學，幫你保管小文具，我們先來謝謝它。」

若是孩子抱怨零用錢不夠時，不妨先告訴孩子：「感謝現在有零用錢，讓我可以自己支配」，再引導孩子感謝現在已經擁有的物品。

你的孩子絕對值得拿到更好的東西，所以，請允許你的孩子許願，同時，對於既有的東西，也別忘了心存感謝。

2 讓孩子明白，錢是一種能量，也是一種資源

在吸引力法則中明確指出，你所需求的，宇宙會用各種形式回應給你振動頻率的「本質」。

一位成人許願，他希望下個月有三萬元的業績獎金，幫升大學的孩子添購電腦設備。

最後他的業績獎金並未達到理想，可是卻在公司節慶的抽獎活動上，竟然就抽到了一部筆記型電腦。

一個男人愛極了陽明山的風光，渴望在陽明山置產。退休後，他天天往陽明山跑，有一天，他遇到了一位在陽明山有房子的人，這個人告訴他：我雖然在陽明山有房產，卻因爲工作關係住在台中，半年難得上來一次。

男人忽然領悟到，自己其實不必置產，就已經享受到陽明山的山林之美，只是他一直不知道而已。

錢，是一種能量，也是一種資源，許多東西我們不一定得花錢買，或許用交換

的，或許換一個心態，就能擁有。同時相信宇宙是豐盛的，足供每人所需，讓自己放寬心去感受體驗遊戲於其中，我們真的就能更順心取得所需物質與心靈上的豐盛！

加速成真，有方法

＊讓孩子擁有錢包與零用錢

你的孩子有自己的錢包嗎？

如果沒有，請帶孩子買一個他的專屬錢包。

選擇的錢包，請以孩子喜歡並且合適他年齡的錢包爲主。

如果孩子本來就有一個錢包，但這個錢包並不是他很喜歡的，也請帶孩子去選擇一個他喜歡的錢包。

告訴孩子：「這是你的專屬錢包，要珍惜它喔！」

接下來，請給孩子零用錢（如果你本來就會給孩子零用錢，可跳過此段，進行

下一個活動）。

當孩子擁有錢包與零用錢之後，孩子才會清楚並明確地感受到：原來一個星期有五元的零用錢時，必須存六個星期，才能買到一顆扭蛋……嗯，還是再等等好了！

✽進行「帶著錢包上街去」活動

現在，你的孩子已經有他自己的錢包與零用錢，對吧！

找一個時間，讓孩子將一百元放入錢包中，告訴孩子，你們要玩一個「帶著錢包上街去」的活動。

活動方法是，每當孩子找到一個他想要的東西（玩的、用的、吃的都可以），而且這個東西在一百元以內時，就讓孩子想想他的錢包，並在心中高興地對自己說：「如果我願意，我可以買下這個東西。」

活動的祕訣在於只想不買，所以，在進行活動之前，要先與孩子說明活動規

則。

進行這個活動時，孩子會發現，商店中有很多東西是他有能力可以買的，如此一來，可以讓孩子對金錢產生安全感，還可以讓孩子了解東西的價格，並學習花錢的藝術喔！

送給孩子的禮物

現在，請寫一張小卡片送給孩子。

小卡片上的文字可以從下方選擇你覺得最適合的：

* 錢是我的好朋友，它可以協助我取得生活所需。
* 東西物品是拿來使用，而不是收藏庫存的，我樂於跟大家分享東西，特別是有需要的人。
* 宇宙是廣大而豐盛的，我總是能在需要時取得適當的協助。
* 我的資源很豐富，除了錢以外，我感謝我還有許多。

延伸思考

為什麼孩子覺得零用錢不夠？

當孩子覺得零用錢不夠時，到底是真的不夠，或是孩子的欲望太多？還是虛榮心作祟？

每次與家長們討論時，大部分的家長都覺得孩子並不是沒有，而是喜新厭舊，看人家有什麼就想要什麼？

其實這樣的心態，也可以在許多成人身上見到。針對成人，我在演講時會引導聽眾思考，自己想要某個人事物的背後，真正需要的本質是什麼？

安全感、誠信、或是自我認同？

父母不妨也可以引導孩子思考，一同找出孩子最需求的本質喔！

心事8

我的老師好兇

我終於升上五年級了，可是我的運氣很不好，遇到全五年級最兇的老師。老師罵人的聲音很大，表情看起來很恐怖，動不動就兇我們——

我現在都不想去上學了，怎麼辦？

在分班季節來臨時，經常會聽到家長們私下交換心得，說著各年級每一位老師的特色。其實不只是家長，就連孩子們在班上，也會交換訊息。一位愛心媽媽提到，有一次她到學校時，聽到兩個小朋友一邊洗著抹布，一邊對話：「聽說某某老師超兇的，希望我不要被他教到。」

從吸引力法則來看，我們雖然很難改變老師的個性，卻可以透過下面的方式，讓孩子感覺好一些。

心想事成這樣做

1 讓孩子知道自己很好，不會被罵

有句話說：經濟不景氣，照樣有人賺大錢。

同樣的，老師對別人兇，不見得就會對你的孩子兇。

我以前就曾經被家長及學生口中最兇的老師教到，現在回想起來，老師雖然會叫愛講髒話的同學拿鞋底打自己的臉一百下，我卻從來沒有被老師罵得很慘過。原因就在於，我自認是個好孩子，也很守規矩，老師沒理由兇我。

所以，請給孩子信心，告訴孩子：「你很好，老師不會無緣無故兇你的。」

2 轉移焦點：欣賞和感謝老師好的地方，想像兩人有良好的互動

一旦孩子一直聚焦在「老師很兇」「不喜歡老師」，只專注在老師的缺點上時，老師也會感受到孩子對他的不悅，於是形成一種負面循環。

告訴孩子，每個人都有缺點和優點，老師也一樣。

請協助孩子，一同找到老師的優點，務必將焦點轉移到老師好的地方。像是老師學問淵博、老師很細心、老師很認眞、老師很會教數學……

接著請心中對著老師默唸：「我愛你。」送光與祝福給她，老師會接收到大家的愛與善意而改變的！

最後還可以睡覺前，引導孩子做美好的想像。如：

讓孩子想像自己與老師相處愉快。

老師對孩子和顏悅色。

老師和孩子兩人有良好的互動。

老師看到孩子的優點。

加速成真，有方法

＊送陽光給老師

給予我們光和溫暖的太陽，是十分有能量的，請引導孩子想像自己全身被金色的陽光包圍著，孩子在陽光團中感覺十分安全，接著，讓孩子想像從自己的身上，有一條線連結到老師身上，最後，連老師也被金色的陽光包裹住。

此時，請孩子由心中傳送祝福老師的話，最後想像老師笑咪咪，很高興的模樣。

這個方法可以睡前進行，就連孩子在班上時，也可以運用適當的時間，進行送陽光給老師的活動喔！

＊把害怕說出來

當孩子回家時，請孩子與你分享今天老師有哪些令孩子害怕的事情。

孩子在述說時，請以同理心來看待孩子的害怕。

所有害怕的事情，一旦面對了，就不再那麼害怕。當孩子分享他的心情後，溫柔地告訴孩子：「嗯，現在你已經將害怕的事說出來了，就沒那麼怕了，對不對？」

＊進行「這是真的嗎？」練習

當孩子告訴你某一件他很害怕的事情時，可以問孩子：「這是眞的嗎？」

當孩子點頭說是時，再問孩子一次：「你確定這是眞的嗎？在什麼時候，這件事情會發生？」

我曾經用這個方法幫一位經常說自己很笨的孩子進行練習，後來，孩子很高興地發現，自己只是數學比較差！

再以「老師很兇」爲例，老師不可能每分每秒都很兇，所以，可以進一步地問孩子：「老師遇到什麼事情時才會很兇？」

如此一來，孩子就會發現，大多數時間，老師並不兇，孩子會覺得老師很兇，是因爲將焦點放在老師很兇上面，而忽略了老師好的那一面。（可參考《一念之轉》一書）

送給孩子的禮物

現在，請寫一張小卡片送給孩子。

小卡片上的文字可以從下方選擇你覺得最適合的：

* 生命生活本是喜悅的，偶爾生氣是因爲我們忘記與失衡了，要趕快回復喔！
* 我的心情好壞，都是由我自己決定的。
* 我可以發現每個人更多的優點，老師也一樣。
* 我願意祝福大家，讓大家每天的心情都很好。

延伸思考

權威失敗，吸引力法則造成的?!

「無論怎麼做，孩子就是皮。」

「這個班級的學生真皮，連打罵都沒效。」

「上次處罰之後，終於比較乖，可是沒多久，又來了。」

親愛的父母與老師，你知道為什麼打罵無效嗎？

吸引力法則告訴我們：你怎麼想，事情就變成你所想的那樣。

你愈是覺得小孩皮，小孩就皮。

你愈是覺得小孩欠打罵，孩子就愈常惹你打罵，而且怎麼打罵都無效。

所以，請想像孩子們都很可愛、很乖、很獨特，漸漸的你會發現，原來孩子是可以不需要打罵的。

打罵不但惹人嫌，還傷自己的身心，何必呢？

心事9

我的麻吉被搶走了

我跟小芳一直都是最好的麻吉，我們一起分享心事，下課一起玩，就連校外教學遊覽車上的座位也在一起。

自從小如和小芳加入同一個社團後，我發現小芳和小如愈來愈要好，她們不但在放學後為了社團的表演經常一起練習，連鉛筆盒都買一樣的。就連下課，小芳都不和我一起玩了，我好難過……

這樣的情況比較容易出現在女孩子身上，許多有經驗的媽媽們都發現，女孩子從國小中年級開始，就會陸續出現上述的情形，到了高年級，兩人一組的小小團體更明顯。

心想事成這樣做

1 讓孩子重拾信心，知道自己絕對值得

當孩子的麻吉跟別的同學愈走愈近時，孩子除了感覺不是滋味外，難免會懷疑自己：是不是我比較差，所以我的麻吉才要離開我？

此時，請給予孩子深深的支持和鼓勵，告訴孩子：「每個人都有自己的特色，就像是玫瑰花和百合花都是花，沒有誰比較差，也沒有誰比較好。」

2 讓孩子重新了解朋友是怎麼一回事

在孩子的生活圈中，學校時間占了非常大的比例，有些孩子和同性麻吉之間的互動，甚至會給大人有一種「好像是成人在談戀愛」的感覺。

這是因爲，孩子在尋找認同感及安全感。

一旦麻吉和別的同學比較要好時，孩子大都會用「搶」這個字眼，這是很正常

的。此時，父母請讓孩子了解朋友是怎麼一回事。

我曾經聽過一個十分棒的說法：如果，我們將人生當成一列火車，朋友則是曾經在這列火車上，陪伴我們的一位旅客。

有的旅客會很快下車，有的旅客會陪我們比較久，有的旅客在火車剛開時就上車，有的旅客在後幾站才上車，但無論如何，最終，大家還是會走自己的下一段旅程，但是，共處的那一段美好時光，是帶不走的。如果孩子遇到轉學、移民、搬家、分班……等情形都適用。

3 感謝和祝福

請引導孩子，將焦點放在謝謝麻吉曾經帶給他的美好事情，而不是將焦點放在分離的痛苦。對離去的麻吉進行感謝及祝福：感謝兩個人曾經一起念書、一起分享心事的美好時光，祝福麻吉，也祝福自己很快就遇到另外許多的好朋友。

加速成真，有方法

＊製作紀念品

你的孩子已經了解「人生火車」的道理了嗎？

現在，是讓孩子感受美好回憶的時刻。

告訴孩子：你和麻吉的相處，就像是你們倆共同經歷的旅行。在這趟旅行中，許多很難忘的、開心事情都可以成爲紀念品，像是兩人共同完成一份作業、一起出去玩、一同讀書，相互鼓勵、一起討論喜歡的人……

讓孩子將這些事情一一回憶，並想想自己從這些紀念品中，學習到什麼？可能是快樂、冒險、勇敢、創意……

讓孩子將這麼棒的感覺放在心中，謝謝麻吉給他這麼多，並祝福麻吉。

＊尋寶遊戲

將孩子班上的每一位同學的名稱，做成一個個的名牌，然後投入一個孩子會喜歡的箱子或袋子、聖誕襪也可以。

讓孩子以摸彩的方式，從箱子中摸出一張名牌。

每摸出一張，就讓孩子想一想，他想感謝或欣賞這個人的什麼部分？

這個活動可以讓孩子思考每個人值得欣賞之處，不會只將焦點放在原來的麻吉身上，也可以讓孩子散發好人緣的磁場喔！

如果孩子認爲某人沒什麼可感謝的，或沒什麼好欣賞的，請家長引導孩子從各個角度來思考；假如孩子說某人很壞，總是說髒話，那麼也可以引導孩子：感謝他讓我體會被罵髒話的感覺，讓我知道我不會對別人說髒話。

送給孩子的禮物

現在，請寫一張小卡片送給孩子。

小卡片上的文字可以從下方選擇你覺得最適合的：

＊感謝來到我生命中的每個人，你們爲我帶來不同的成長與快樂！我愛大家!!

＊分離不是切斷，我們的愛與共同的美好時光，永遠在給彼此的祝福中。

＊有好朋友的感覺眞棒，我喜歡這種感覺。

＊我知道我會遇到更多的好朋友。

＊我願意祝福所有的朋友，都會遇到好朋友。

延伸思考

以珍惜和祝福，代替競爭與限制

如果孩子的情緒已經穩定下來，也可以請孩子思考：好朋友並非一定要形影不離，才是好朋友。人生當中，還會遇到不同的朋友。朋友之間不必是互相約束限制的，沒有壓力，也沒有負擔，而是相處時感謝彼此相伴，珍惜當下相處，分離時互道珍重祝福。要相信在愛與靈魂中，我們永遠是相繫相連的。

心事10

我討厭班上的一個同學

我真的很討厭阿亞。

每次選拔時，我和阿亞都會被提名，偏偏每次阿亞的票數都比我高。

不論是代表班上去參加演講比賽、選班長、模範生、最佳班級幹部，都是阿亞被選到，有一次，我和阿亞起衝突，連老師都站在阿亞那邊。

我真是討厭死阿亞了，只要一看到他，就討厭得不得了。

這是一個因爲競爭而討厭對方的典型例子，在吸引力法則中，惡性競爭、討厭、不贏就痛苦……都是負面能量。

心想事成這樣做

1 讓孩子了解：每個人都是獨一無二的

在組織中，有時會出現「既生瑜，何生亮」的感覺，如果孩子將對手視爲眼中釘，抱著不是他贏，就是我輸的想法，將會十分辛苦。

孩子多半喜歡動物，父母不妨以動物做比喻，告訴孩子：「獅子和老虎都很強，或許獅子看不慣老虎身上的花紋，老虎看不慣獅子的蓬毛，但我們都知道，獅子和老虎，其實各有各的優點。」

如果，孩子將校園生活視爲一座舞台，在這個舞台上，孩子還是有其他的部分可以展現，就像是一個樂團中，有人吹笛子，有人彈琴，每個人都可以發揮自己的優點，而不一定非得執著在彈琴上面。就算是沒被選上，也可視對方是一個可敬的對手，抱著互相學習的心情，鼓勵自己前進。

2 改變聚焦：不把焦點放在「為什麼我沒有被選到」

一旦孩子將焦點放在抱怨、不滿、怪別人、沮喪等負面情緒上，不旦孩子無法快樂，同學們也會感受到這股負面能量，因此，父母請盡可能協助孩子將焦點轉換到天平的另一邊，告訴孩子：「能夠進入決選，就是一次很棒的經驗。」「你一定有很好的特質，同學才會提名你，要繼續保持下去喔。」

父母的支持和鼓勵，是孩子最大的動力，雖然每個孩子天生的氣質不同，但父母的愛永遠是孩子的後盾。

3 相信宇宙給予的安排，不忘感謝同學

人體，就是一個小宇宙。

我們口中的宇宙，可說是所有人類的母親。因此，請相信宇宙永遠會給我們每個人最好的安排。當選是好的，不當選也是好的。所以，請告訴孩子：「現在你沒有被選上，或許是宇宙要讓你準備得更好時再出頭，也或許是要你學習看到他人優

點或學會努力不懈。」

生命中的機會是源源不絕的，我們不需要和別人爭搶，宇宙會以最好的方式，給予我們該有的。

所以，眞的是俗話說的「勝不驕，敗不餒」，不要爲了一次短期的結果而失了良好的氣度與態度。請鼓勵孩子，在每一次的選拔之後，別忘了謝謝同學的支持，也恭喜當選的人。雖然這次沒當選，但同學們也能感受到孩子眞摯的感謝，帶動班上的良善氣氛，孩子的人氣也自然而然加分與令人敬佩的。

加速成真，有方法

＊進行「重新來過」分享

請孩子想像，假如班上沒有模範生選舉、沒有班長選舉，或者孩子和另一位競爭者都從未被提名過，那麼，孩子還會討厭與他競爭的同學嗎？

如果答案是「不會」，那麼你的孩子需要的是自我肯定和對自我的安全感。

如果答案是「會」，就可以再請孩子分享討厭對方的哪些部分？再進行「這是真的嗎？」的練習（見第一七一頁），引導孩子發現對方其實沒有那麼惹人厭。

＊進行「自由呼吸吧」活動！

帶孩子到大自然中，如果有一大片的草地更好。

讓孩子站在一個他喜歡的位置，想像他周圍有一個圓圈，將自己包圍起來。

告訴孩子：這是你自己的園地，你可以在這裡自由呼吸，用力、大口大口的呼吸。

告訴孩子：「看，就算我們再怎麼樣大口的、用力的呼吸，空氣還是很足夠的，你就是你自己的國王。」藉此引導孩子每個人都有很多的機會，不必擔心自己的機會被搶走，就沒機會了。

讓孩子在大自然中唱歌、跳舞，引導孩子看看廣闊的天空，感受與大自然融合的感覺，並記住這一個美好的感受。

日後，當孩子遇到競爭的事件時，請引導孩子回想這一次的經驗，再次感受自己是安全的，是機會很多的。

送給孩子的禮物

現在，請寫一張小卡片送給孩子。

小卡片上的文字可以從下方選擇你覺得最適合的：

＊我知道每一個人都是獨特的，我接受跟我不一樣想法的人。

＊我知道一旦我下定決心，靈感就會不斷出現。

＊我可以將失敗和不愉快，轉換成人生成長的機會。

＊我是我，他是他，我們可以一起成長。

＊我知道我可以讓自己擁有正面的想法。

延伸思考

你的孩子有優越感嗎？

我在念書的時候，幾乎每兩年就會當選一次模範生，家中也擺了許多的獎座。

當學生的時候，覺得模範生是一種殊榮，出社會之後，回過頭來思考，反倒覺得模範生還滿弔詭的。

為什麼大家都希望自己可以成為模範生？

當上模範生之後，有什麼好事發生嗎？

有，是同學羨慕的眼神，親友們也會覺得你很優秀。

回想自己過去的種種經驗，我發現，模範生很容易讓人出現所謂的「優越感」。

現在，我也發現，許多孩子的言行舉止間，也出現優越感的氣質。

一個有優越感的人，可能常被稱讚是菁英，但「菁英」兩字，就明顯地讓孩子覺得自己比別人強。

吸引力法則告訴我們：每個人都是獨一無二，卻也應該是平等的。

我曾經看過《阿米：星星的小孩》一書，故事的大意是一個外星小孩帶著一名地球小孩，到他們的星球玩。

地球小孩發現，在這個高度進化的外星星球，沒有競爭，沒有比賽，只有許多快樂的慶典和表演。因為外星人認為競爭會埋下對抗與仇恨的種子，而每個人的表現與創作都是獨一無二的創造，無法用單一價值衡量！

看到這裡，我想起很多父母提到，孩子興沖沖地去參加比賽，最後卻沒得名時，那種失望的心情。

比賽，到底讓輸的人學到什麼？

是「敗不餒」嗎？

還是對自信、自我肯定的摧殘？

尤其是個人性質的比賽，如畫畫比賽，說穿了，還不是用評審的主觀來左右誰比較好，誰比較差?!

想想，當孩子滿懷信心的去參加畫畫比賽，卻發現自己最喜歡的作品在評審眼中，比

別人的差許多時，孩子的感覺又是如何？

從另一方面來看，比賽對於贏的人來說，真能學到「勝不驕」嗎？

如果可以的話，那麼，為什麼有那麼多資優生因為考試不理想，或遭受到一些挫折，就尋求自殺？

如果孩子真的了解，宇宙永遠有豐盛的資源供我們取用，那麼，孩子就不會靠著競爭、比較來認同自己。

父母們也請在言談中，避免培養孩子出現「不必要的菁英感」，這樣不但對別人不好，對自己也沒好處。

讓我們的孩子保有創造、表現的單純生命樂趣，不要陷入競爭與比較的壓力中吧！

【附錄】

推薦給孩子，十本與相信自己有關的繪本：

＊《你很特別》（道聲）

＊《愛你本來的樣子》（道聲）

＊《鼻子先生奇遇記》（和英）

＊《鷺鷥阿莫》（國語日報）

＊《三個我去旅行》（遠流）

＊《紙袋公主》（遠流）

＊《愛花的牛》（遠流）

＊《奧利佛是個娘娘腔》（三之三）

＊《大腳丫跳芭蕾》（台灣東方）

The Eurasian Publishing Group
圓神出版事業機構
用心與你對話・視野無限寬廣
方智出版社
Fine Press

http://www.booklife.com.tw inquiries@mail.eurasian.com.tw

方智叢書 176

給孩子的吸引力法則

作　　者／周介偉
文字協力／廖翊君
發 行 人／簡志忠
出 版 者／方智出版社股份有限公司
地　　址／台北市南京東路四段50號6樓之1
電　　話／（02）2579-6600・2579-8800・2570-3939
傳　　真／（02）2579-0338・2577-3220・2570-3636
郵撥帳號／13633081　方智出版社股份有限公司
總 編 輯／陳秋月
資深主編／賴良珠
責任編輯／謝晴
專案企畫／賴真真
美術編輯／金益健
行銷企畫／吳幸芳・崔曉雯
印務統籌／林永潔
監　　印／高榮祥
校　　對／周介偉・賴良珠・謝晴
排　　版／杜易蓉
經 銷 商／叩應有限公司
法律顧問／圓神出版事業機構法律顧問　蕭雄淋律師
印　　刷／祥峰印刷廠
2009年4月　初版

定價 260元　ISBN 978-986-175-145-0

你本來就應該得到生命所必須給你的一切美好！

祕密，就是過去、現在和未來的一切解答。

——《The Secret 祕密》

國家圖書館出版品預行編目資料

給孩子的吸引力法則 / 周介偉 著；
-- 初版. -- 臺北市： 方智，2009.04
192面 ；14.8×20.8公分. --（方智叢書 ；176）

ISBN：978-986-175-145-0（平裝）

1.親職教育　2.親子關係　3.吸引力

528.2　　98002182

萬歲少女 圖